100 *Orte*
in Ostbelgien & Umgebung

HURRA, ICH HABE
OSTBELGIEN ENTDECKT!!

Bernd Müllender

100 *Orte*

in Ostbelgien & Umgebung

GEV

© GEV (Grenz-Echo Verlag), 2018
www.gev.be
buchverlag@grenzecho.be

ISBN 978-3-86712-124-8
D/2018/3071/2

Alle Rechte vorbehalten

Lektorat: René Zey, Frechen
Layout: Königsdorfer Medienhaus, Frechen

 Mit Unterstützung der Deutschsprachigen Gemeinschaft Belgiens

Printed in EU

Inhalt

■

Vorwort

Ich sehe die Leser und Leserinnen schon vor mir, wie sie ihre Kulis spitzen oder die Tasten in Tinte tunken, um empörte Briefe zu schreiben. Wieso ist mein Lieblingsrestaurant in Malmedy nicht dabei, die herrliche Ausflugskneipe in Bütgenbach und diese oder jene Kapelle? Warum fehlen die wahren Attraktionen in Eupen, der Geheimtipp in Theux, Welkenraedt oder Weismes – ja, da hätten Sie mich mal fragen sollen! Und die schöne Wanderstrecke zwischen Amel, St. Vith und Ouren, die wahren Highlights in den sumpfigen Tiefen des Hohen Venns? Keine Ahnung, dieser Schreiber. Ach, aus Deutschland kommt der? Na, da wundert mich ja gar nichts ...

Die Auswahl war subjektiv – aufgrund eigener Erlebnisse, eigener Recherchen für dieses Buch – und gespeist aus so manchem Tipp von Freunden, Bekannten. Aus Belgien übrigens zu einem großen Teil. Es gab einen groben geografischen Rahmen zwischen den beiden Dreiländerecken entlang der Grenze zu Deutschland und westlich maximal 30 oder 40 Kilometer inklusive ein bisschen Verviers und Lüttich. Es geht um den Osten Belgiens, nicht nur um Ostbelgien, wie die Deutschsprachige Gemeinschaft sich seit Frühjahr 2017 nennt. Nur Ostbelgien hätte ja geheißen: kein Voeren, kein Aubel, kein Moresnet, kein Venn, kein Stavelot.

Es gab ein paar Must-See – wie den neuen Alten Schlachthof in Eupen, Burg Reuland, die schreckliche Weltkriegsgeschichte von St. Vith, den Spaort Spa, die tolle Vennbahntrasse, dazu die überragenden Örtlichkeiten Signal de Botrange und Mürringen (im doppelten Wortsinn überragend, denn hier fanden wir den höchstwohnenden Belgier des ganzen Landes), die Abtei Val-Dieu, das ehemalige Neutral-Moresnet.

Und selbstredend die Baraque Michel im Hohen Venn. Es ist der einzige Ort der Welt, der das ehemalige US-Präsidentenpaar Obama im Namen trägt und eine besonders mysteriöse Postleitzahl hat. Und – was Nachfolger Donald Trump angeht – zum Geheimnis von Blegny führt. Klingt verwirrend? Ein Schieferstollen zeigt den Weg dorthin.

Ausstellung im Parlament der Deutschsprachigen Gemeinschaft Belgiens, Eupen

Andere Orte werden vielen neu sein: Belgiens älteste Forellenzucht, die Geheimnisse von Francorchamps, Stern-Hirsche, Backfischschmaus im Museum, Seltsamkeiten wie Venninski und Stalin-Bier, Wildschweinfrikadellen, die doppelte Brennkunst von Raeren und ganz schön schlaue Esel, die gar nicht bockig sind. Dazu allerlei angestaubter Charme bei Boulespiel und Gesang, das Musée du Silex. Manche Themen tauchen in Ostbelgien automatisch immer wieder auf: Grenzen, Krieg, Wasser und Eisenbahn.

100 Orte sind 100. Die vermissten Orte kopfschüttelnder Leserinnen und Leser wären sicher ansatzlos die Nummern 101 aufwärts gewesen. Genau genommen sind es hier 90 einzelne Orte und einige spezielle Überalls. Ein solches Überall ist zum Beispiel das 130 Kilometer lange Erfolgsprojekt Vennbahntrasse, das den gesamten Osten Belgiens wie eine touristische Lebensader durchzieht und das wir deshalb in größerer Länge würdigen. Oder das betagte Atomkraftwerk Tihange, das zwar etwas entfernt liegt, aber ständig droht, mit einer Strahlenwolke zum tödlichen Überall zu werden. Oder die besonderen belgischen Straßenschilder Bauarbeiten-Ende, die das ganze Land erklären können. Und es gibt in der Mitte des Buches ein ganz besonders charmantes Überall: Gemeint ist Ostbelgiens kreative Briefkastenparade, die das Land zu einem zauberhaften Straßenrandmuseum macht, das die meisten Belgier, wie ich feststellen konnte, vor lauter Gewohnheit gar nicht recht zu schätzen wissen. Aber lesen und sehen Sie selbst.

Bernd Müllender (Aachen/Eupen, im Frühjahr 2018)

Ein Land verloren –
Dreiländereck Vaalserberg

1

Das Dreiländereck ist ein seltsamer Ort. Drei Staaten stoßen hier aufeinander, vielen Menschen ist das einen Ausflug wert, obwohl es weiter nichts zu sehen gibt. Die Staatsgrenzen sind nicht mal mit Strichen markiert, wie Kinder oft glauben und es Erwachsene gern hätten: „Sind wir hier schon in Belgien oder wo ...?", hört man bisweilen. Es gibt auf dem Vaalserberg ein altes Grenzsteinensemble und ein Stück weiter drei Fahnen samt Betonsäule davor. Ein beliebtes Fotomotiv.

Die Niederländer beherrschen das Gelände ökonomisch (Fritten, Bier, Softeis, Karussellmusik, ein anspruchsvolles Labyrinth). Auf deutscher Seite geht es gleich durch dichte Wälder bergab oder man steht vor dichtem Sichtschutz (Nudistengelände). Belgien hat die steilste Abfahrt (nach Gemmenich), ein Monument für die Gefallenen der Kriege, alte Schmugglerpfade ins Tal und den Aussichtsturm mit dem Hinweis „Willkommen in der Wallonie".

Von 1830 bis 1919, also fast 90 Jahre lang, gab es hier ein extrem seltenes Vierländereck. Noch heute kommt man aus Vaals über den Viergrenzenweg. Das alles lag am vierten Land, dem Staatenkuriosum Neutral-Moresnet (siehe Kapitel 2).

Wir sind auf 322 Metern Höhe? Dieser Ort ist viel zu komplex für eine banale Zahl. Die Niederländer maßen lange 322,5. Denn hier erhebt sich der höchste Punkt des flachen Landes. „Und der halbe Meter ist wichtig, wenn man nicht so viel hat", sagte eine Dame vom Fremdenverkehrsamt VVV einmal. Neuerdings gibt es in der holländischen Hochgebirgsliteratur sogar Fundstellen von 322,7 Metern. Aber genau genommen erhebt sich das pannekoekenflache Land sogar auf 877, denn so hoch ist der Vulkan Mount Scenery auf der niederländischen Karibikinsel Saba, die seit 2010 zum Staatsgebiet gehört. Der Vaalserberg ist also nur der *hoogste punt* der europäischen Niederlande.

Und sonst? Zum Mount Scenery sind es Luftlinie nur 7049 Kilometer. Zu Belgiens höchstem Ort Signal de Botrange nur knapp 29.

Lächeln, auch wenn Europa derzeit schwächelt: Beliebtes Fotomotiv mit drei Landesfahnen auf dem Vaalserberg

Einst Sodom und Gomorrha – Kelmis/Neutral-Moresnet

2

Der Ort Kelmis, damals auch Altenberg genannt, war einst das Zentrum des Miniaturstaates Neutral-Moresnet. Das staatspolitische Kuriosum war entstanden, weil sich die Niederlande und Preußen auf dem Wiener Kongress 1815 nicht über die lukrativen Galmei-minen einigen konnten, die größten Europas. So entstand ein eigenes winziges Land von 3,44 Quadratkilometern, in Form eines Tortenstücks. Kaum war 1830 Belgien entstanden, gab es auf dem Vaalserberg ein Vierländereck. Auf Gruß-Postkarten stand: „Wo sich vier Länder küssen."

Die Minen brummten, mit dem seltenen Mineral Galmei (Zink-spat) konnte man aus Kupfer preiswert Messing machen. „Halb Paris, straßenweit die ganzen alten Dächer", sagt der Historiker Herbert Ruland, „sind bis heute verzinkt mit Material aus Neutral-Moresnet." Das Miniland selbst blieb ein Terrain ohne ausreichende Gesetze und funktionierendes Ausweiswesen, ein Magnet für Kriegs-dienstverweigerer und Steuerhinterzieher, für lichtscheues Gesindel und Trunkenbolde, kurz: ein Sodom, ein Gomorrha und ein Anar-chistan in einem. Mitte des 19. Jahrhunderts war jedes dritte Haus Spelunke, Spielhölle, illegale Schnapsbrennerei, Hotel oder Puff (der größte in der heutigen Bruchstraße).

Aus anfangs 240 Einwohnern wurden 5000. Verwaltet wurde das Neutralgebiet von der Bürgermeisterei Moresnet, gemeinsam von Preußen und Belgien. Das Schild der Bürgermeisterei zeigt gemein-sam den preußischen Adler und den belgischen Löwen. Das gab es sonst nirgends – zwei Staatssymbole einfach mal in einem vermengt.

Aber geworben wird damit in Kelmis wenig, als schäme man sich der teilschmuddeligen Vergangenheit. Dabei war man ein eigener Staat mitten in Europa! Neutral-Moresnet gab es bis 1919: 103 Jahre und 3 Tage – also länger als etwa die glorreiche Sowjetunion. Und es gibt noch einiges aus dem kuriosen Gestern zu entdecken: Grenz-steine in den Wäldern, eine Erzlore im Park, den romantischen Wei-her, das Direktionsgebäude der Bergwerksfirma Vieille Montagne, das ab 2018 Museum ist.

Und sonst? Der Fußballverein RFC Union Kelmis spielt heute im Prinz-Philippe-Stadion. Der Name scheint etwas hinter der Zeit.

Die einstige Bergbaustadt Kelmis: Stählerne Begrüßung am Ortseingang im ehemaligen Zwergstaat Neutral-Moresnet

Den Molly machen – der Geheime Sanitätsrat von **Kelmis**

3

Er hat die weite Welt nach Kelmis gebracht, im späten 19. Jahrhundert: Der umtriebige Geheime Sanitätsrat Dr. Wilhelm Molly. 1863 aus Wetzlar in Hessen zugezogen, war er zunächst Chefarzt der Erzgruben. Als die Galmei-Ausbeute nachließ, wurde er zu einer schillernden Figur.

Molly wurde zuerst stellvertretender Bürgermeister. Widerrechtlich gegen das Postmonopol ließ der geschäftstüchtige Mann eigene Briefmarken („Kelmiser Verkehrs Anstalt – Neutrales Gebiet") drucken; gezahnt, geschnitten, kunstvoll gestempelt – erst lukrativ für ihn, bald offiziell „Ausser Cours Gesetzt", bis heute bei Philatelisten hoch gehandelt. Um 1900 initiierte er ein Spielcasino. Aus Paris, London, St. Petersburg kamen reiche Gäste angetuckert: „Die große Straße zwischen Aachen und Verviers bedeckte sich mit Automobilen", liest man in einem alten Zeitungsbericht über dieses zeitweilige „Neu-Monte Carlo".

1907 wollten Esperanto-Anhänger aus dem völkerrechtlichen Unikum gleich den Welt-Esperantostaat machen. Geplanter Name: Amikejo (übersetzt: *Ort der Freunde*). Molly engagierte sich begeistert. 1908 verlegte der Weltbund der Esperantisten sogar seinen Hauptsitz nach Moresnet. Es gab Kongresse, das Stammlokal *Esperanta Gasttablo*, einen eigenen Konsul, eine eigene Hymne. Kneipiers schilderten mehrsprachig aus. Mit dem Überfall der deutschen Truppen 1914 starb die Idee.

Molly selbst starb wenige Monate nach dem Ende des Kleinststaates 1919, als gäbe es nunmehr auch für ihn keine Lebensgrundlage mehr. Es bleibt bis heute die Dr.-Molly-Straße mitten im Ort. Dort wird er gepriesen: „Initiator der Neutralen Freimarken (1886)". Es gibt sogar Vermutungen, dass der beliebte rheinische Ausdruck „den Molli machen" (jemanden hintergehen, austricksen, vorführen) sich von eben jenem Dr. Wilhelm Molly ableitet.

Und sonst? Ein anderer berühmter Sohn Neutral-Moresnets war Emil Dovifat (geboren 1890). Er wurde Begründer der Publizistikwissenschaft in Deutschland.

GEHEIMER SANITÄTSRAT
DR. W. MOLLY
1838 – 1919

58 JAHRE IM TREUEN
DIENST AM NÄCHSTEN

Vielfältiger Diener: Mollys Grab auf dem winzigen Friedhof von Kelmis

Blühende Metalldetektoren – Casinoweiher in **Kelmis**

4

Was für eine idyllische Ruhe. Es plätschert ein wenig, der Wind säuselt über die Wasseroberfläche. Angler angeln vor sich hin. Haubentaucher tauchen hier, Teichrohrsänger singen und Reiher – nein, das dann doch nicht. Mit Glück ist sogar mal eine Rotwangen-Schildkröte zu entdecken oder ein Eisvogel. Wer heute als Spaziergänger rund um den Casinoweiher mit seinem dichten Schilfgürtel mitten in Kelmis lustwandelt, das romantische Flair und die vielen seltenen Pflanzen ringsum bestaunt, ahnt kaum, wie dieses Gewässer entstanden ist.

Die fünf Hektar große Fläche hat eine zweifache Geschichte. 1861 brauchten die boomenden Bergwerke immer größere Wassermengen zur Reinigung der Galmeierze. Also staute die Bergwerksgesellschaft *Vieille Montagne* mit einem 300 Meter langen Erdwall die Göhl auf. Ausgewaschene Erzreste blieben zurück und ließen die typische Galmeiflora entstehen. Galmeiveilchen, die pinken Grasnelken und Narzissen sind blühende Metalldetektoren.

Mitte der 1990er-Jahre, über 100 Jahre nach Ende der Bergwerksaktivitäten, begann ein langer Streit (Details unter casinoweiher. info). Unnützes Gewässer, dachte ein Spekulant und wollte das Gebiet teilbebauen. Die Bürgerinitiative „E Hat vör der Casinowejer" (Ein Herz für den Casinoweiher) wehrt sich. Die Gemeinde stellt den Weiher unter vorläufigen Schutz, die Wallonische Region ist gleichzeitig in Verkaufsverhandlungen. Der Bauherr erwirbt ein angrenzendes Areal, beginnt mit Aushubarbeiten, es folgen Gutachten, Stellungnahmen und politische Streits. Nach zehn Jahren wird dem Weihergebiet bescheinigt, einzigartiger Zeuge der Kelmiser Bergwerksvergangenheit zu sein. Keine flächendeckende Bebauung. Man darf das heute einzigartig genießen. Und den Menschen gratulieren, die hier, mit gebührendem Abstand zum Ufer, ihr Haus am See haben.

Und sonst? Ein Schild „Tal der Blumen" weist den Weg vom Weiher zu den Narzissenwiesen im Frühjahr.

Erst Staubecken, dann umstrittenes Investorenobjekt, heute Naherholungs-
gebiet mit besonderer Flora: der Casinoweiher mitten in Kelmis

Hoch- und Tiefkultur – ein Wanderweg an der Göhl/Gueule/Geul/Jöhl

5

Vom westlichen Ortsausgang Kelmis geht es lange direkt an der Göhl entlang, flach, ein angenehmer Waldweg. Bald heißt die Göhl Gueule. Im frankophonen Moresnet geht es unter dem imposanten Viadukt weiter, vorbei an zauberhaften Bruchsteingehöften, immer wieder abgelegene Häuser großer Pracht mit Streuobstwiesen und weiten Gemüsegärten, auch mal eine Hofruine inmitten von Kuhwiesen. Bisweilen führt der Weg vom Fluss bergauf. Das gibt weite Sicht über die Hügellandschaft, wundervoll.

Ein paar Kurven weiter: schlagartig die unüberhörbaren Ausläufer des Campingplatzes *Kontiki,* dessen Name an Südseeparadiese denken lässt. Solche Fantasien sind wochenends schnell in taldurchdringenden Musikteppichen erstickt: deutsche Schlager (Tiefkultur) erklingen und im Wechsel französische Chansons (Hochkultur). Gleich danach geht es steile Abhänge hinunter auf Geröllpisten, die nur für Wanderer und geübte Mountainbiker geeignet sind (oder zeitweilige Radschieber). Dann ein überraschend großer See mit Schilf und Reihern, von dessen Existenz nahe der Straße gleich oben man nichts ahnt. Bei Terbruggen unterhalb von Sippenaeken ein Wehr mit Fischleitern.

Nach Querung des Campingplatzes Vieux Moulin wird die Göhl/Gueule zur niederländischen Geul und beginnt, sich exzessiv mäandernd durch eine romantische Auenlandschaft zu winden. Dicke Äste, auch Baumstämme, liegen kreuz und quer. Biberwerk. Die Tiere sind Anfang 2017 den Fluss hochgewandert, aus Richtung Maasmündung. Mit dem Grenzübertritt ins Königreich Belgien wird nachtstündlich gerechnet. Wenn dann die Bäume fallen, müssen die Camper um den ein oder anderen Wohnwagen fürchten.

Und sonst? Der Name Göhl/Gueule/Geul/De Jöhl (Platt) stammt vom germanischen *Galia* ab, das bedeutet „enger, kurvenreicher Fluss". Eine gute Wahl.

Mit akustischem Südseeflair: Wanderstrecke entlang der Göhl

Der kleine Ball dem großen entgegen – Golf als Lernort bei **Sippenaeken**

6

Die Clubhausterrasse eines Golfclubs hat Fortbildungspotenzial: Man lernt, womöglich vorurteilsbeladen: Das sind ja tatsächlich ganz normale Menschen hier. Im Mergelhof bei Sippenaeken sind die angeblich unvermeidlichen Ärzte, Geschäftsleute und Juristen weit in der Minderheit. Hier sind Krankenpfleger und Psychotherapeutinnen zugange, die städtische Angestellte, der Tankstellenbesitzer, ein Imker, drei ehemalige Fußballprofis, viele Lehrer und die frühpensionierte Gruppe von Euro-Control, der Flugüberwachung in Maastricht. Für den Blick über das Göhltal braucht man keine Titel und muss auch nichts mit dem Club zu tun haben – eine Hand für ein Glas Bier reicht.

Längs des Platzes führt der Wanderweg Sentier 58 weiter oben an Bahn 16 und 17 vorbei, wo sich der Blick über die saftige Landschaft zur endgültigen Champagneraussicht steigert. Heutzutage reitet man nicht mehr dem Sonnenuntergang entgegen, sondern schlägt den kleinen Ball dem großen entgegen. Oder man sieht als Nichtgolfer staunend zu.

Ein andermal sitzt man gegenüber in Sippenaeken in der Auberge *Le Barbeau* (die Kornblume), entweder drinnen im romantisch eingerichteten Restaurant oder auf der Terrassen-Holzkonstruktion neben dem Kirchparkplatz. Und später fragt man sich: Wo war das Essen besser? Die Moules/Frites mit den drei Saucen drüben bei den Golfern – oder hier das sehr internationale „burgundische Schwelgen" mit täglich wechselnder Menükarte, manchmal asiatischen Hähnchenschenkeln, Tortillas, toskanischen Baguettes, vielfältigen Salaten? Oder gleich das dreigängige Überraschungsdinner für 24 Euro zum Chouffe-Bier vom Fass?

Hotelbetten gibt es hier wie dort (etwa im Golfclub-Gehöft). Danach zum Golfschnupperkurs (sonntags) oder auf den Wanderweg längs des Platzes bis hoch in den Vijlener Bos.

Uns sonst? Der benachbarte Golfplatz in Henri-Chapelle hat mit Bahn 13 die wohl steilste Bahn Belgiens, sogar Europas? Jedenfalls würde sie dem Himalaya Golf Resort, so es das gäbe, Ehre machen.

www.barbeau.be, www.mergelhof.com

Clubhausterrasse auch für Nichtgolfer: Im Hintergrund fliegen die Bälle auf
Bahn 1 dem Örtchen Sippenaeken entgegen

Das Rätsel vom fehlenden *r* – die Enklave **Voeren/Fourons**

7

Direkt an der niederländischen Grenze, ganz im Nordosten Belgiens, liegt ein sehr besonderes Stück Welt: Voeren. Das Gebiet von 50 Quadratkilometern und kaum 4000 Einwohnern gehört heute zu Flandern. Voeren war lange (seit 1830) frankophon und hieß Fourons, zur Provinz Lüttich gehörig. In den 1960er-Jahren wurde per Föderalgesetz aus Fourons Voeren, weil hier mittlerweile mehr Flamen (oder zugezogene Niederländer) wohnten. Eine Enklave war entstanden. Das trieb die Wallonen auf die Barrikaden. Jahrzehntelang gab es giftige Demos mit Verletzten; Bauern gingen mit Mistgabeln aufeinander los, die Polizei verschoss Tränengasgranaten, es fielen sogar Schüsse. Einmal raste ein Auto mit Vorsatz in eine Gruppe Protestierender. 1982 wurde der wallonische Landwirt José Happart zum Bürgermeister gewählt und weigerte sich sieben Jahre lang, auch nur ein Wort niederländisch zu sprechen. Welteinmalig: ein Ortsvorsteher bockt bei der Amtssprache.

Heute sind durchgeschmierte Ortsnamen selten geworden. Schilder haben politisch korrekt zwei Namen, etwa St-Pieters-Voeren/Fouron-Saint-Pierre. Allerdings steht die niederländische Bezeichnung immer oben und ist meist etwas größer geschrieben. Aber, potz Blitz, warum fehlt am Straßenschild Kastanjeboomstraat/rue du Maronnier dem Marronnier ein r? Eine Provokation? Eine späte Rache für Happart, ein Anschlag auf die wallonische Identität? Nachgefragt bei der Gemeinde: Nicht aufgefallen ... Ist das wirklich falsch? ... Hmm, ja – muss ein Versehen sein. Und werde umgehend korrigiert. Gemerkt hatte es niemand, es habe auch keine Klagen gegeben. Man darf das als Zeichen nehmen, dass die Fronten befriedet sind. Und die Wallonen nicht mehr achtsam sind (nur diese besserwisserischen Deutschen, wie zum Beispiel der Autor dieses Buches).

Und sonst? Die abgelegene, bäuerlich geprägte und besonders ruhige Gegend mit Fachwerk und schiefen Sträßchen ist ein Dorado für Wanderer, Müßiggänger, Gemütlichradler. Wenn es nebenan die „niederländische Schweiz" gibt, ist Voeren/Fourons die kleine belgische Toskana.

Infos unter www.voerstreek.be (viersprachig!)

Ohne Sprachenstreit, ohne Schreibfehler, ohne Kastanien: Wiesenlandschaft bei St-Pieters-Voeren/Fouron-Saint-Pierre

Frische Voerellen/Fourellen in **St-Pieters-Voeren/ Fouron-Saint-Pierre**

8

Lauschiger kann man vor allem im Sommer kaum sitzen. Zwei Tisch- und Stuhlreihen umschließen die Hälfte eines rechteckigen Teiches. Schräg daneben, umrahmt von allerlei Laubbäumen, erhebt sich die Renaissance-Herrlichkeit des Wasserschlosses Commanderie aus dem 17. Jahrhundert. Zu hören ist nur das Geplätscher aus den Fischteichen, aber auch schon mal ein klapperndes Glas.

Am Ende vom Gelände entspringt die Voer, die der Region den Namen gab. Die Quelle liefert minütlich 4000 Liter Wasser, sehr kalziumhaltig und immer in gleichbleibender Temperatur. Für Forellen ist es das Paradies. Und so befindet sich hier die älteste Fischzucht Belgiens samt Gartenrestaurant. Abertausende Forellen planschen in einem Dutzend von Teichen, in einem sogar Störe. Keine Turbotiere werden hier – wie anderswo üblich – industriell in acht Monaten fettgefüttert, sondern naturbelassener in der fast doppelten Zeit gezüchtet.

Regenbogen-, Bach- und Quellenforellen stehen auf der Speisekarte. Feine Zungen werden feine Unterschiede herausschmecken. Fangfrisch-köstlich sind alle, die Bratkartoffeln knackig, der Frischkräuter-Dip sehr belgisch, sprich: mit viel Mayonnaise zubereitet.

Stammgäste wundern sich, dass hier neuerdings auch deutsch gesprochen wird und 2017 die gewohnte Plastikbestuhlung ausgetauscht wurde. Und sie warnen vor sommerlichen Spaziergängen entlang des Wasserschlosses. Da könnte nämlich das Schwanenpaar gerade Junge haben, rabiat auf Gebietsschutz beharren – und die frohgemute Idylle jäh beendet sein.

Und sonst? Im Schloss residierte lange der Schwiegersohn des Barons de Potesta, Henry Ernst de la Graete. Kann ein Name besser zu einer Fischzucht passen?

www.commanderie7.com

Wasserschloss Commanderie: Die Fischzucht und der Grätenbaron

Königskopf, Tanzorgel, Gelato Farm – das gastronomisch kuriose **Teuven**

9

Teuven, einer der sechs Orte von Voeren/Fourons mit seinen kaum 1000 Einwohnern, hat das Zeug zu selbst fast 100 besonderen gastronomischen Orten. Da ist das schicke Schlossrestaurant *Hof De Draeck,* wo Gourmetzungen in herrschaftlichem Ambiente Beglückung finden. Inmitten von Fachwerkgehöften findet sich das Ausflugslokal *Moeder de Gans* (Mutter Gans), eine Art Biergarten-Freilichtmuseum – zugewildert, voller blühender Blumen. Ein Schild sagt: „Modderige Schuhe und liebe Hunde willkommen." Direkt anschließend das englische Wirtshaus *The Kings Head Inn,* very british, aber mit einer Website nur auf Niederländisch – wahrscheinlich um diese Gegend des Kulturstreits zwischen Flamen und Wallonen sprachlich nicht weiter zu verwirren.

Noch schräger ist das *Café Modern* mit zwei gar nicht modernen Besonderheiten: Da ist einmal der Zaal Patria, ein ausgebauter Saal aus der vorletzten Jahrhundertwende: alt, patinareich, bizarr-schön. Ein Fest der Sinne für Feste aller Art bis hin zu opulenten Hochzeiten („ook voor grote gezelschappen"). Die andere Spezialität des *Café Modern* ist die Decap-Tanzorgel in der Fachwerk-Gastwirtschaft selbst. Decap ist eine Firma bei Antwerpen, die komplette Orchester aus selbst spielenden mechanischen Instrumenten herstellt (Details: decap.be), von Druckluft angetrieben. Euro-Münze einwerfen und aus dem Nichts scheppert und rumst es los, Volkslieder, Märsche. Eine Riesengaudi – in sehr laut und nicht nur für Kinder.

Und sonst? Ein Stück weiter, mitten an einer einsamen Waldlichtung vor einem Bauernhof: die Gelato Farm. Kann man eine Eisdiele schöner, origineller nennen? Die meisten Zutaten, zumindest die Milch, kommen von den eigenen Kühen des Hofes der Familie Roex. Eine extrem regionale Kaltküche also – von Hörncheneis bis zu Türmen von opulenten Eistorten. Und schmecken tut es auch (Mai bis Oktober).

www.cafemodern.be · **www.hof-de-draeck.be**
www.moederdegans.be · **www.thekingsheadinn.be**
www.gelatofarm.com

Mechanisches Jazz-Ensemble an der Wand: Lautes Glück für einen Euro im Café Modern von Teuven

Mekka des Mampfens – der Markt von **Aubel**

10

Weine aus Belgien wie der Zwaeneberg Cuvée Barrique in Voeren. Oder der Chardonnay-Crémant Vin Mousseux Philippe de Noble. Blaubeer-Aperitif La Rosée de Spa. Liqueur Ardennais und Fleur de Franchimont. Eau de Vie aus Aubel. Liqueur de miel, Honig-Vinaigrette und honiggesüßter Vin Chaud aus Moresnet. Es wird in der Gegend eine Menge grandioser alkoholischer Köstlichkeiten hergestellt. Bei Stassen in Aubel am Markt kann man sie alle kaufen.

Wenn in Aubel dann dienstags und sonntags (jeweils bis 13 Uhr) Wochenmarkt ist, wird das Städtchen endgültig zum Feinschmeckerparadies – quer durch alle Fakultäten des Genusses. Da ist zuvörderst das klassische Triumvirat des Herver Landes: Birnen- oder Apfelkraut („Sirop d'Aubel"), vielerlei Cidres, manche auch bio, einmal sogar „Cidre-Essig mit Heilkräften". Und der würfelförmige Klosterkäse, dessen reife Variante einem den Atem raubt. Die Fromagerie Au Vieux Moulin aus Herve stellt ihn aus Rohmilch her, angeblich als einzige. Das Slowfood-Logo schmückt den Wagen. Plastikverpackungen sind hier tabu.

Konfitüren-Createure bieten feil, es gibt Maronenmus, schillernd bunte Nougat-Türme (Kilopreis 59 Euro). Ein Stand bietet sechserlei Frikadellenvarianten, Wildschweinsalami. Bei Metzger Gauthier muss man Nummern ziehen, so belagert ist der Stand mit seinen Saucisses, Sülzen, Pasteten, dem Agneau de Pays und den Riesenkeulen vom *vrai jambon à l'os,* dem einzig wahren Knochenschinken, wie ihn die Schlachterin anpreist und dann mit einem Riesenmesser in Scheiben schneidet.

Und sonst? Weiterschlemmen in Aubel: Als bester Bäcker der Provinz Lüttich außerhalb der Stadt selbst wird die Pâtisserie Jeanpierre, Place Nicolaï 29, gefeiert. Jedes Jahr am Sonntag nach dem Nationalfeiertag am 21. Juli explodiert der Wochenmarkt zu einem ganztägigen, ganzstädtischen Flohmarkt, Partys überall inklusive.

Dreierlei vom Fleisch – würden Vegetarier vielleicht dichten: Der Wagen von Metzger Gauthier ist heiß umlagert und der Schinken köstlich

Teufelstal wird Gottestal – die Freizeitabtei **Val-Dieu**

11

In the middle of nowhere. Also mitten in prächtiger Natur: Weiden, Weiher, Hecken, eine Bilderbuchhügellandschaft. Das Kloster Val-Dieu, gelegen beidseitig der Straße zwischen Aubel und Visé, ist Startpunkt für Wanderer, Spaziergänger, Radflaneure, Mountainbiker. Ausgeschilderte Wege querland, teils über Stiegelpfade („Les Chemins des Echaliers") durch das Herver Land, auch nach Thimister, eines der 22 „schönsten Dörfer der Wallonie" (beauxvillages.be). Ein Kloster also als Startpunkt eines Freiraum-Freizeitparks.

1216 hatten sich hier Zisterziensermönche niedergelassen. Aus dem Teufelstal, wie es damals hieß, machten sie das Gottestal Val-Dieu. 2001 gingen die letzten Mönche, nachdem sie, so ein Schild, „Kriege, Überschwemmungen und Moralkrisen durchstanden" hatten. Eine christliche Laienvereinigung übernahm: die gotische Basilika mit dem Hinweis „Lauschen Sie dem Gebet der Steine", zahllose Anbauten, Ursulinerinnen-Konvent, Bauernhof, Kornmühle, Brauerei (900.000 Liter/Jahr), Klosterladen. Die Bistronomie hat eine weite lauschige Gartenterrasse, das urige Kneipengewölbe in alten Stallungen mit grotesk unpassenden rot-weiß karierten Plastikdecken und Plastikstühlen. Der weitläufige Park hinter der Kirche („Parcours de vie") ist ein verstecktes Kleinod.

Bei Führungen gibt es erst reichlich Kirchen- und Kulturgeschichte, dann Hopfen zu erschnüffeln und vier Sorten Bier von Blonde bis Grand Cru zu verkosten. Die junge Brauerei-Chefin Virginie Harzé ist die einzige leitende Braumeisterin Belgiens. Wenn die zierliche Frau behände in die Sudkessel hineinklettert, würde man gern ahnen, wie das wohl die wohlbeleibten Mönche hinbekommen haben.

Und sonst? Jeden Abend um 18 Uhr die Vesper (übersetzt: „Stunde des Kerzenanzündens") in einer Nebenkapelle: 30 Minuten französische Psalmengesänge. Ein Eupener, Anfang 70, fährt mindestens sechsmal die Woche hierher. „Zum Innehalten, es ist seit vier Jahren ein Ritual geworden."

www.abbaye-du-val-dieu.be
www.val-dieu.com

Schluss für heute mit Verköstigung: Zeit für das Innehalten bei der Vesper in der abendlichen Basilika von Val-Dieu

Bizarrer Trumm – das Musée du Silex in **Eben-Ezer**

Wir sind mitten im Vierregioneneck Limburg, Voeren, niederländisch Limburg und der Wallonie, gut 10 Kilometer südlich von Maastricht. Plötzlich ist da in der weiten Einsamkeit der Wallonie dieser absurd wirkende Turm auf einem Hügel, am Rand eines ehemaligen Steinbruchs: „Wie eine Ritterburg aus einem Comic", schrieb mal jemand. Quadratisch, über 30 Meter hoch, die Seiten jeweils 12 Meter breit, oben mit vier apokalyptischen Monsterfiguren auf den Ecken. Verstörend!

Den bizarren Trumm gebaut hat Robert Garcet, eigenhändig. Der Mann war Steinbrucharbeiter. Das Grauen des Zweiten Weltkriegs hatte ihn schwer erschüttert. Garcet wurde zum christlich geprägten Mystiker, zum Pazifisten, zum autodidaktischen Bildhauer, Baumeister, Gartenarchitekten. 1948 legte er los, 15 Jahre später war der Turm entstanden, ein pazifistisches Mahnmal mit sieben Stockwerken aus Zement und Silex, dem regionalen Feuerstein. Sein Name: Eben-Ezer alias Turm der Apokalypse.

Ein Verein hat das Innere des bizarren Bauwerks mittlerweile zum Musée du Silex umgebaut. Zu sehen sind Garcets Gemälde, Skulpturen und andere Kunstwerke, manchmal Fragmente gegen Krieg und Nationalismus, ein Mosasaurus aus Pappmaschee oder Nazifiguren als Sensenmann. Vielfach laufen Infofilme, zum Beispiel über Studien von Garcet zur Komplexität des Daseins. Über Treppenstufen so steil, dass Niederländer außer Atem kämen, kommt man von Stockwerk zu Stockwerk, bis aufs Dach. Hier kann man den steinernen Löwen oder den Flugdrachen streicheln.

Im Park gibt es regelmäßig Kunstausstellungen, organisiert vom Centre Européen d'Art Fantastique. Entlang Wällen aus Silex-Steinen, verwirrend skurril, dreisprachig alles, aber bei jedem Objekt im Wechsel. Viele Skulpturen erinnern an Gaudí.

Und sonst? Das bekannte Fort Eben-Emael, das einst zum Festungsring um Lüttich gehörte, ist nur 3 Kilometer entfernt.

www.musee-du-silex.be
www.fort-eben-emael.be

Ritterburg der Apokalypse und Friedensmahnmal: Der Turm von Eben-Ezer aus Zement und Feuerstein mit Fabelwesen auf dem Dach

Schienenlabyrinthe mit drei Stangen – **Gare de Montzen**

13

Diese Weite. Dutzende Gleise parallel. Im Sommer flirrende Hitze über Eisen und Beton. Ein Labyrinth an Oberleitungen. Eine abgestellte Güterlok irgendwo auf einem Nebengleis. Ein Stillleben in Stahl. Und dann tatsächlich: ein Zug. Ein langer Wurm aus Güterwagen fährt durch. Es gibt sogar ein Stellwerk, so groß, dass es auch als Flughafentower durchgehen könnte. Wofür dieses Monstrum von Bahnhof?

Den Bahnhof Montzen Gare haben die Deutschen gebaut, kurz nach dem Überfall auf Belgien 1914. Im Februar 1917 wurde er eingeweiht. Er diente zunächst militärischen Zwecken. Danach wurden hier jahrzehntelang Güterzüge zusammengestellt, rangiert, deshalb die monströsen Ausmaße (über 3 Kilometer Länge). Gleichzeitig war der Bahnhof Zollstation. Zwischen den Weltkriegen gab es in geringem Maß auch regionalen Personenverkehr. Die Strecke führt von Aachen-West unter dem Dreiländereck hindurch weiter nach Visé, Tongeren, Antwerpen. Sie ist also eine Verbindung zum pulsierenden Seehafen.

Heute ist der Bahnhof mit den lange schon ungenutzten Güterhallen kaum mehr als ein gigantisches Industriedenkmal. Indes: Sollte die Thalys-Piste von Aachen nach Lüttich mal dauerhaft gesperrt sein, zwischen Grenze und Abzweig Walhorn, käme die Strecke über den Bahnhof Montzen als Ausweichroute in Betracht, wie auch schon mal geschehen. Kein Zweifel: Viele würden fahren, nur um zu fahren, vor allem wegen der einmaligen Chance auf eine Tour über das Göhltalviadukt.

Bis es mal so weit ist: Eine Umrundung des Bahnhofsgeländes zu Fuß dauert locker zwei Stunden, es sind 10,3 Kilometer Weg.

Und sonst? Unterwegs Stärkung in der Mikrobrauerei Brasserie Grain d'Orge mitten in Hombourg: Restaurant, Pub, Terrasse, eigenes Bier. Marken: 3 Schtèng (übersetzt: 3 Stangen. Gemeint: 3 Grenzsteine), Brice und Joup.

Eisenbahn I: Der Bahnhof Montzen scheint ein Industriedenkmal aus vergangener Zeit. Aber hier rollen durchaus noch etwa 80 lange Güterzüge täglich.

Immobilie der Mobilität – Streit um La Gare in **Hombourg**

14

Es war einmal ein Mann, Deutscher übrigens, Schiffsingenieur von Beruf, der kaufte sich Ende der 1980er-Jahre den alten Bahnhof von Hombourg, in den er sich als Student in Aachen verliebt hatte. Und er begann zu sammeln: alte Eisenbahnwagen aus halb Europa, manche heute an die 100 Jahre alt. Viele Dutzend kamen zusammen, die Gleise wurden immer voller. Walter Ley heißt der Bahnmann, viele Jahre lebte er auch in den Waggons.

2006 verkaufte Ley seine Immobilie der Mobilität. Vertragsbestandteil: lebenslanges Wohnrecht oben im Bahnhofsgebäude. Das Terrain unten kernsanierten die neuen Eigentümer, man kann das Gebäude heute für Festivitäten mieten, was offenbar gut läuft. Auch zwei alte Eisenbahnwagen sind renoviert: In dem einen kann man feiern (mit 30 Sitzplätzen). Der zweite daneben, ein dunkles deutsches Gefährt, dient als Schlafwagen: ausklappbare Stockbetten, dreistöckig, bis zu 40 Liegeflächen.

Die anderen Waggons wurden 2009 einem Verein übertragen. Eisenbahnnostalgiker sind hoch beglückt vom Gesamtkunstwerk auf Schienen. Aber die Wagen rotten, verfaulen, rosten weiter. Ley hatte davon geträumt, über das Göhltalviadukt regelmäßige Fahrten bis Aachen-West zu machen. Bei der Bahnverwaltung hatte Ley einen Fürsprecher – bis der plötzlich verstarb. Die Gemeinde riss die Schienen zum 2 Kilometer entfernten Bahnhof Montzen ab. Der Ravel-Radweg soll hier ausgebaut werden. Seitdem: giftige Streits, Anschuldigungen, Korruptionsvorwürfe, Klagen, Gegenklagen, Gerichtsprozesse. Beteiligt: Der vitale Walter Ley, der allmählich auf die 80 zugeht, der Verein, die Eigentümer des Bahnhofs und vor allem Politik und Verwaltungen in der Gemeinde Bleyberg, in Namur, in Brüssel. Kein Ende in Sicht. Ley sagt: „Es ist alles sehr traurig.“

Und sonst? Ab 2018 sollen touristische Touren per Minibus durch die Wallonie Geld für die Renovierung des Geländes einbringen: www.cf3fhombourg.be. „Das Patrimonium muss erhalten bleiben“, sagt Vereinspräsident Jean Marie Cormann.

Eisenbahn II: Der Bahnhof Hombourg ist ein Freiluftmuseum der Zuggeschichte. Hier rollt nichts mehr.

Russische Sklaven –
Viadukt **Moresnet Village**

15

Über dem kleinen Friedhof von Moresnet Village, Ortsteil der Gemeinde Plombières, schräg unter dem mächtigen Eisenbahnviadukt, weht weithin sichtbar eine russische Fahne. Russen? Hier? Unter dem Fahnenmast befindet sich ein kleines russisches Ehrengrab mit neun Gedenksteinen – für Michel Michailow, Ivan Polossin, Afsani Kowjasin und andere. Gestorben sind sie alle in den Jahren 1916 und 1917. Es waren russische Kriegsgefangene, etwa 1000 hatten für die deutschen Besatzer beim Brückenbau unter erbärmlichen Umständen geschuftet.

1915, kurz nach dem Überfall auf Belgien, hatten die Arbeiten begonnen, 14.000 Menschen waren insgesamt tätig. Schon im Oktober 1916 war die kriegs- und wirtschaftswichtige Strecke zwischen Deutschland und Antwerpen befahrbar. Ein Megaprojekt in kürzester Zeit. Der Bevölkerung kam der Bau anfangs wie eine riesige Narbe vor, sagte einmal ein Historiker. Und sie sorgte für Angst und Schrecken: 1940 wurde die Brücke von belgischen Partisanen teilweise gesprengt, die abrückende Wehrmacht vernichtete sie 1944 fast komplett. Erst 1949 war sie wieder befahrbar.

Die Brücke ist imposant, eine Touristenattraktion heute. Sie umspannt das Tal der Göhl auf mehr als 1100 Metern; größte Höhe: stattliche 52 Meter. Sie bietet abenteuerliche Sichtweisen. Mal wirkt es, als liege sie auf dem Ort, von woanders gesehen scheinen die 80 Güterzüge täglich durch den Kirchturm zu fahren.

Wo die Deutschen die russischen Opfer verscharrt haben, weit mehr als die namentlich bekannten neun, weiß man nicht. Angeblich sind Todesopfer auch in den Pfeilerbeton eingegossen worden.

Und sonst? Am nördlichen Ortsrand hat Schlagersänger Hein Simons („Mama") seinen Pferdehof Gut Schimper. Im Reiterstübchen kann man Heintje, mittlerweile Ü60, vielleicht beim *kopje koffie* treffen. Alle paar Jahre kommen Busladungen voll ergrauter deutscher Mamas. Zum 50-jährigen Mama-Jubiläum singt er wieder: Jungsenior Hein 2018 im digitalen Duett mit sich selbst, der Stimme von Heintje.

Eisenbahn III: Göhltal-Viadukt, gebaut von russischen Zwangsarbeitern.
Ihnen wird mit einem Ehrengrab zu Füßen der Brücke gedacht.

Frauen angesprochen – Kalvarienberg, **Moresnet-Chapelle** 16

Peter Arnold Franck, ein Junge noch, erlitt während eines Erdbebens im 18. Jahrhundert einen epileptischen Anfall. Ärzte waren machtlos, auch der Besuch der Heiligtumsfahrt in Aachen half nicht. Anders, so die Heilungslegende, eine Marienfigur, die er am Ort des heutigen Kalvarienbergs in Moresnet anbetete.

Maria half. Die Wallfahrtsstätte liegt heute in einem wirklich erlesen schönen Park. Rotbuchen, die fast bis zum Himmel reichen. Ebenso mächtige wie wohlgeformte Tannen und Kiefern, Trauerweiden oder Hängebuchen, Zehntausende teils exotische Pflanzen, wie in einem riesigen Gartenbaugebiet. An einer Stelle steht sogar ein Dattelpalmen-Ensemble. Vor allem aber gibt es Rhododrongebüsche, die sich stellenweise zu Wäldern weiten. Wenn die im Frühjahr blühen, die Hortensien dazu, ist entweder alle Konzentration für das geistig Wesentliche dahin. Oder alle Gebete gelingen voller Glück im Herzen umso tiefer.

Die 14 Kreuzweg-Stationen, gut 100 Jahre alt, sind jeweils als Hochreliefs in seltsam morbide Grotten aus Schlackegestein mit bunten Mosaiken gebaut. „Pro Deo et Patria" (Für Gott und Vaterland) steht da auf Schmiedeeisen – so eng hat man tatsächlich lange den Glauben an den Herrn und die Hingabe ans Heimatland gesehen; mit bekannt fürchterlichen Folgen. „Jesus redet die weinenden Frauen an." Hmmm: Ist hier *trösten* falsch übersetzt? Auch: „Jesus hat für die Übertreter gebetet" ist nicht sofort verständlich. Am großen Kreuz der 12. Station, einem Platz für Outdoor-Gottesdienste, hat der Gottessohn die Arme von den Nägeln gelöst – dafür wirkt das stilisierte Blut an den Handgelenken wie Gedärm. Sehr unschön. Auf Niederländisch heißt Jesus *Jezus*.

Und sonst? Der Rundweg misst kaum mehr als einen halben Kilometer, nicht eben viel. Dennoch ist alle zwei Stationen ein Abkürzungsweg durch die Mitte des Parks angelegt. Dann kommt man von Station 3 gleich zur 12 oder von der 5 zur 10. Aber für wen? Für Erschöpfte? Für Eilige? 150.000 Menschen kommen jedes Jahr hierher.

www.moresnet-chapelle.com

Lauschige Open-Air-Betstätte für 150.000 Gläubige per annum: Alles ganz schön groß im Kalvarienpark

Vom Cognac zum Rhabarberkuchen – Coucou, KuKuK, **Köpfchen**

17

Köpfchen, die ehemalige Grenze zwischen Aachen und Eynatten. Bis 1995 verrichteten hier strenge deutsche Zöllner ihr Tagwerk und ein paar Schritte weiter meist etwas weniger strenge aus Belgien. Routiniers der Passage sagten, das lag an der Parallelwährung *Remy Martin,* für die königliches Wachpersonal deutlich empfänglicher war als deutsches. Die befuselten sich lieber mit legal erworbenem *Mariacron* oder sonntags mit *Asbach Uralt.*

In dieser Gegend wurde schon immer mit Waren geschmuggelt. Ab 1938 schlugen sich hier Tausende von österreichischen Juden durch die Wälder, um sich nach dem Anschluss in vorläufige Sicherheit zu bringen. Hinter der Grenze gab es Kneipen, wo zeitweilig Wienerisch die häufigste Sprache war. Prominentester Flüchtling war der Schriftsteller Jean Améry, der im Januar 1939 bei Kalterherberg nach Belgien kam. In Belgien überlebten während der Zeit der Naziherrschaft prozentual mehr Juden als in jedem anderen besetzten Land. Die Rettung vieler begann genau hier.

Heute ist hier das KuKuK: Kunst und Kultur im Köpfchen. Ein doppelter Verein (einmal deutsch, einmal belgisch mit identischem Vorstand) hat die alten Zollgebäude übernommen und damit vor dem Abriss gerettet. Daraus wurde ein sehr relaxter Ort: Pausenstation bei Wanderungen oder Radtouren (die Grenzlandroute führt hier vorbei). Es gibt Terrassenkonzerte, Lesungen, immer neue Kunstausstellungen, Filmabende, Kabarett, Flohmärkte – im Sommer auch mal ein grenzüberschreitendes Picknick. Dazu verbinden Bierbankensembles das belgische und das deutsche Zollgebäude.

Und sonst? Das Café hat sogar ein eigenes Bierlabel: Cou Cou. Manchmal beglückt Pächterin Ulla Arslan auch mit selbstgebackenem Rhabarberkuchen.

www.kukukandergrenze.org

Einst Grenze, Zollstation und Zufluchtsort, heute Kaffee und Kuchen: Das Kulturzentrum KuKuK an Köpfchen

Zyklopenbäume –
Köpfchen Umgebung:
ein Allerlei

18

Es gibt hier Grenzsteine aus vielen Epochen. Direkt gegenüber dem alten deutschen Zollhaus findet sich, von Brennnesseln sommers überwuchert, ein Stein aus der Weimarer Zeit. Weiter im Wald gibt es preußisch-belgische Steine, arg verwittert mittlerweile. P und B steht dran.

Und da sind die mysteriösen Zyklopensteine, Moränen aus der Eiszeit. Direkt daneben verläuft ein Graben, gleichzeitig deutsch-belgische Grenze. Die gigantischen Hainbuchen hier sind teils über 600 Jahre alt, wegen ihres seltsam gebogenen Wuchses heißen sie auch Harfenbuchen. Sie waren vor gut 200 Jahren Teil eines etwa 2 Meter hohen, extrem dichten Ringes von Buchenhecken als Grenzanlage, die einzelnen Bäume extrem eingezwängt. Manche ließ man später stehen, sie wuchsen anarchisch ins verquere Überall. Naturkunst. Zyklopenbäume neben Zyklopensteinen.

Hinter fast jeder Waldwegkreuzung gibt es etwas zu entdecken. Das Kulturzentrum KuKuK strahlt auf die Umgebung aus: Auch der Mensch, so er dort an einem Workshop teilnahm, sorgt hier für kreative Hinterlassenschaften. Tausende Tannenzapfen liegen wohlgeformt am Waldboden. Eine Installation, die man bespielen kann. Kinder lieben das besonders. Mitten in den Wäldern stehen verlassene, aber jederzeit reaktivierbare Wigwams aus dicken Ästen, viele Meter hoch. Waldpädagogen und -pädagoginnen verbringen hier Ferienfreizeiten.

Und da ist der Westwall in vielen Varianten. Mal ist Hitlers Höckerlinie lauschiges Naturspielzeug, mal ziert er einen englischen Rasen. Ein schönes Potpourri: Die klobigen Klötze in Reih und Glied, dazwischen – wie mit der Nagelschere geschnittenes Grün, bunte Blumen drumherum – ein Zaun. Ist ja ein Privatgrundstück.

Und sonst? Der Grenzübergang war mehrfach Drehort für Schimanski-Folgen. Neu entsteht derzeit ein Bed & Breakfast.

Mal im Wald, mal im Privatgarten: Der ehemalige Westwall (oben). Darunter die Zyklopensteine.

Nahe am Paradies – Frittenerlebnisse wie beim *Manneken Frit,* **Köpfchen**

19

Darf man in Belgien eine Frittenbude herausheben, ohne andere zu diskreditieren? Ja – mit dem Segen von Slowfood Deutschland. Die internationale Genießervereinigung hatte 2017 mit 150 Teilnehmern eine Fahrrad-Frittenrallye durchs Dreiländereck veranstaltet. Es wurde testgebissen, geschnuppert, geleckt, verglichen, bewertet. Slowfood-Frittenschmiede wurde: Das *Manneken Frit* neben Köpfchen. Die Wahl für die besten Saucen (die hier „Begleitung" heißen) gab es obendrauf und das Lob der Veranstalter für „das kompletteste Konzept". Die Kartoffeln vom Bauern nebenan werden selbst geschält und geschnitten, die Fritten in Tüten serviert, die in schicken Edelstahlkelchen stecken (mannekenfrit.be). Wobei manche einwenden: *Manneken Frit* sei ihnen zu teuer (mittlere Portion: 3,30 Euro) und zu sehr schickimickisiert.

Ja, es gibt sie wirklich, die Fritten nahe der Kulinarik, manchmal Kunst und Wissenschaft in einem. Sterneköche in Belgien haben (anders als etwa in Deutschland) alle eine Fritteuse betriebsbereit und können lange über Zubereitungsfinessen und Geschmacksexplosionen philosophieren. Der junge Sternekoch Olly Ceulenaere aus Gent sagt: „Gute Fritten sind geschmacklich nahe am Paradies." Und sonst? Gibt es im Osten Belgiens viele paradiesnahe Frittenorte:
– Sippenaeken, Campingplatz Vieux Moulin: Harter Kontrast zwischen sehr braun und samtweich innen.
– Kelmis, Ralfs Fritte, heute Frit Inn. Einst Guinnessbuch-Weltrekord mit der größten Frittentüte.
– Eynatten, New Quinta: Ganz feine selbstgemachte Sauce Tartare.
– Hauset, Schlemmer-Stübchen: Fritten so perfekt knupsertoll wie das Ambiente schlicht ist und der Budenname schrecklich.
– Eupen, Restaurant Visé. Seit Jahrzehnten Frittendynastie. Hier stabilisiert Ex-Ministerpräsident Karl-Heinz Lambertz gern sein Barockgewicht.
– Kettenis, Kartoffelkiste: Knackig, kernig, aber laff; als erhöbe Kettenis eine Luxussteuer auf Salz.
– Baraque Michel: Ein knusperndes Gedicht mit Kartoffeln „aus der Hand geschnitten" (so der Inhaber Patrick Bodarwé).
– St. Vith: Sankt Fritt. Und sicher vielerorts sonst.

Fritten mit Begleitung: Die ketchuprote Werbefigur vom schicken Grenzimbiss isst merkwürdigerweise beim Pinkeln

Surrealistische Laubsäge-arbeiten – das Möhren-museum **Eynatten**

Dass Belgien ein Land mit großer Affinität zur Kunst ist, sieht man sogar im Flecken Berlotte, ein Vordorf von Eynatten. Hier findet sich in einem alten Trafoturm das womöglich welteinzige Möhren-museum, sicher aber das kleinste und womöglich möhrenschlankste (form follows function). Es ist so klein, dass es nicht betreten werden kann. Alle Exponate sind nur durch eine Glasscheibe zu bewundern; über einen Paternoster (per Knopfdruck bedienbar) können die Exponate vor des Kunstfreundes Auge gefahren werden.

Auf kleinstem Raum sammelt sich ein mächtiges Möhrenmenü mannigfaltiger Kunstgattungen. Da ist banaler ostbelgischer Realis-mus (Schneebesen mit Möhrenknauf), da sind surrealistische Schnitzereien (Flaschenöffner und Bestecke mit Griffen im Möhren-design) oder naive Laubsägearbeiten. Ein Höhepunkt ist sicher die semi-erotische Poesiekachel, 8 x 8 Zentimeter, vielfarbig auf weiß: „Ich schwöre bei meiner Möhre, dass ich dir gehöre!" Zur Inklu-sionskunst gehört eine Sammlung bunter Seidenkrawatten mit Möhrenmotiven und eine Kinderunterhose „mit Dekor männlicher Reizwäsche"; beides wurde „gefertigt in der Behindertentagesstätte Raeren". Vielerlei Fimo-Feinarbeiten wie Schlafmützen-, Säufer- oder Gärtnermöhre kommen hinzu, die Dokumentarfotografie eines kubistisch krummen Möhrenoriginals, Kunstperlenschmuck und Gebrauchsgegenstände wie eine betagte blecherne Möhrenreibe. Es gibt Tassen, Servietten, Kuscheltiere mit Möhre – gemalt, gedruckt oder getragen.

Betreiber ist der „lokalpatriotische und liberale Möhrenzucht-verein" des Dorfes, entstanden als Schnapsidee beim Männerbier. Das Trafomuseum hat rund um die Uhr optisch geöffnet, auch montags. Davor steht ein Gartenzwerg. Er gießt gerade Möhren.

Und sonst? Weitere Exponate aller Stilrichtungen werden gern entgegengenommen. Hinweise befinden sich vor Ort.

Winzig, schmal, nicht betretbar: Das welteinmalige Möhrenmuseum von Eynatten hat sogar eine Möhre als Wetterfahne

Brennen in **Raeren**, Teil I: Bio-Gin und Soft-Genever

21

Ein topgepflegtes Gehöft mitten im Ort, weiß gestrichen alles, Edelstahltore. Hier, bei Radermacher, wird seit 1836 im Familienbetrieb Schnaps gebrannt. Ach was: Edeltropfen destilliert. Vier Brennereien gibt es im Land, eine davon ist diese – und die einzige in Ostbelgien. Output: 700.000 Liter Brände und Fruchtliköre im Jahr. Ein paar tausend Badewannen voll sind das. Hit ist Woodberries, ein Waldbeerlikör mit 12 Prozent.

Einer der Stars des Hauses ist der Lambertus Whisky – bis hin zum Single Malt „mit regelmäßigen Tränen", so die Werbung – für 45 Euro. Inhaber Bernard Zacharias macht vor allem das feuchte Voreifelklima für den Erfolg seines *Belgian Whisky* verantwortlich. Wenn es draußen regnet, reift das „Wasser des Lebens" zu besonderen Aromen. Die dürften hier sehr besonders sein.

Der hauseigene Gin, ungewöhnlicherweise in Eichenfässern gereift, heißt marketingklug auf das Gründungsjahr zurückgehend *Eighteen Thirty Six* – das Englische gibt zudem britisches Flair. Der Radermacher-Gin aus einer „Infusion von 11 Früchten" ist zudem organic: Bio-Gin also. Er kostet stolze 26 Euro, er schmeckt so mild wie ein Sommerspaziergang durch den Kräutergarten. Parallel soll Bio-Wermut durchstarten. – Bitte? Das klingt nach pechschwarzem Schimmel: In Deutschland ist Wermut ein Synonym für Billigfusel und Vollrausch, in Belgien aber nicht, beteuert Mitarbeiterin Cindy. „Der ist hier sehr beliebt."

Uns sonst? Ostbelgien hat einige regionale Spezialprodukte zu bieten. Etwa den viel gelobten Ardenner Räucherschinken aus Montenau bei St. Vith (montenauer.com) und diverse lokale Biere, etwa aus der Brauerei Bellevaux bei Malmedy (brasseriedebellevaux.be). Zur Jahreswende 2017/18 startete die Brauerei Peak Bier im Hohen Venn. Seit 2015 gibt es aus Eupen das Damian Starkbier (www.facebook.com/vennwasser). Ebenfalls in Eupen steht Norbert Heukemes am Sudkessel. Der Generalsekretär des Ministeriums der DG – und damit ranghöchste Beamter – braut privat in seiner Garage. Er überlegt, demnächst zum „Public Brewing" einzuladen.

Hochprozentiger Töpfergeist: Raerener Spirituosen kommen sehr klassisch
daher oder auch bio-chic designt

Brennen in **Raeren**, Teil II: Erotik im Töpfereimuseum

22

Tonkrüge? Gäääähn! Ästhetisch vorgestriges Zeug, verschnörkelt, plump, kitschig. Töpfereimuseum klingt manchen sogar nach Folter. Von wegen. In der Raerener Burg schaffen sie es, die gebrannten Gefäße mit ihren Bemalungen als frühe Comic-Darstellungen zu verkaufen. Krüge also als Vorläufer von Hergé, Lucky Luke und Asterix. So auch beim Highlight des Hauses, dem „Prunkkrug mit der Geschichte der keuschen Jungfrau im Bade" von 1584. Die Legende ist alttestamentarisch.

Auf dem Krug ist Susannas Geschichte abgebildet. Zwei alte Richter näherten sich der Armen im Bad in unkeuscher Absicht. Die Belästigte wehrte sich und schrie. Die beiden düpierten Satansbraten klagten sie aus Rache des Ehebruchs mit einem Dritten an. Fast wäre sie hingerichtet worden, da verwickelten sich die Richter unter Mitwirkung des Heiligen Geistes in Widersprüche und wurden ihrerseits zum Tode verurteilt. In einem anderen Krug-Comic tanzt auch der Herr Pfarrer auf Festen mit jungen Frauen, keusch natürlich (soweit man weiß). „Erotische Darstellungen", heißt es in einer Schautafel, „erfreuten sich großer Beliebtheit."

Im Raeren haben Großfamilien ab dem 16. Jahrhundert Tonarbeiten in Massen produziert. Nicht nur Krüge, auch Kinderspielzeug, Würfelbecher, Narrenköpfe, Schnapsbibeln (Gebetbuch aus Ton, innen hohl, für den getarnten Flachmann) oder praktische Apothekenutensilien, weil die Salzglasur resistent war gegen Basen und Säuren, zudem für die seinerzeitige Hausfrau leicht abwaschbar. Ein Dorf als Weltsteinkrugzentrum. Vater und Sohn Breughel malten damals viele Dorffeste – und immer trank man dabei aus Raerener Krügen. So fand das kleine Raeren als Weltsteinkrugzentrum seinen Weg in die Kunstgeschichte.

Und sonst? Wurden Soldaten in den beiden Weltkriegen ungewollt zu Hobbyarchäologen. In ihren Schützengräben stießen sie auf viele alte Krüge und bewarfen damit bisweilen die Feinde. Die Scherben wurden nach dem Kulturfrevel für große Summen gehandelt.

www.toepfereimuseum.org

Findlinge, Bruchstücke und das lackierte Rindvieh: Ein Turm aus Scherbenkunst im Töpfereimuseum

Spanisch – in **Petergensfeld** alias Campo Pedrito

23

Spanisch als Straßenname – das kommt einem doch spanisch vor. Okay, das war jetzt Wortwitzhölle. Im Ernst also: Warum Spanisch? Nachfragen vor Ort. Die Ergebnisse bleiben lückenhaft, eine Anwohnerin sagt, sie habe keine Ahnung, fände den Namen aber originell. Ein Mann vermutet irgendwas mit der Vergangenheit, in der Gegend seien ja mal Spanier gewesen.

Das ist die richtige Richtung. Im 16. und 17. Jahrhundert gehörte das spätere Belgien zu den Spanischen Niederlanden. Daran erinnert der Name. Petergensfeld war einst ein Teil der heutigen Grenzgemeinde Roetgen. Dann aber wurde nur dieser Teil den Spanischen Niederlanden zugeschlagen. Deshalb sprach man auch vom „Spanischen Dorf".

Spanisch ist exklusiv: Diesen Straßennamen gibt es nicht noch einmal anderswo. Und ein Straßenname wie Burgundisch, Napoleonisch, Niederländisch oder Habsburgisch ist in ganz Ostbelgien nicht bekannt; Deutsch oder Preußisch als Straßenname schon mal gar nicht.

Noch im 19. Jahrhundert sagten die Menschen in Aachen, sie gingen „ins Spanische", wenn sie Richtung Eupen aufbrachen. In Eynatten gibt es bis heute das Haus Lambertz. Das Herrenhaus wurde im Jahr 1734 erbaut und trägt im Volksmund den Namen „Alcazar", spanisch für Burg oder Schloss. Eigentlich könnte Petergensfeld auch gleich so was wie Campo Pedrito heißen. Klingt doch nicht schlecht.

Und sonst? Die ganz große Zeit von Petergensfeld ist lange vorbei. In den 1980er-Jahren ärgerten von hier oben mit großer Reichweite gleich mehrere illegale Piratensender wie Radio Fantasy (heute legalisiert) die staatlich kontrollierte Radiowelt. Gleichzeitig boomte der Verkauf von Tabak und Kaffee inklusive Steuerhinterziehung (Zölle), weil man von der anderen Straßenseite (deutsch) nur die Fahrbahn zum billigen Einkauf queren musste. – Und sich nicht erwischen lassen durfte.

Spanisch ist einmalig, Deutschland nebenan kann aber kontern: In Schmidt am Rursee heißt eine Straße „Klein Frankreich"

Genussradeln – das Erfolgsprojekt **Vennbahntrasse**

24

Am 8. November 2003 dieselte der letzte Museumszug über die Gleise der alten Vennbahnstrecke von Aachens Süden nach Sourbrodt. In den folgenden Jahren wurden die Gleise bis auf Reste abgebaut. Heute dient die Vennbahnstrecke als Spazierweg und Skaterbahn, vor allem aber als zunehmend genutzter Radweg, übrigens auch von Einheimischen und seit dem Pedelec-Boom erst recht. Wo man auch fragt: Alle sagen, die Zahl der Gäste, ob für eine Erfrischung zwischendurch oder bei Übernachtungen, habe deutlich zugenommen. Ein Erfolgsprojekt! Zudem vielfach ausgezeichnet, als „Qualitätsroute mit vier Sternen", zuletzt mit dem „Excellence Award" aus Irland.

Vennbahnradeln ist schierer Genuss, manchmal auch Meditation. Die Strecke auf der alten Trasse, abschnittsweise auch gleich daneben, bleibt immer flach, auch wenn sich nebenan Straßen über Hügel und Höhen winden. Fast 400 Meter geht es von Aachen hoch in Eifel- und Vennhöhen, ohne dass sich die Waden melden. Man merkt nicht mal, dass es überhaupt bergauf geht. Kurz vor Raeren macht die Strecke durch dichte Wälder große Schleifen, man verliert die Orientierung und kommt plötzlich in Roetgen von einer Seite aus, die man nie erwartet hat. Da ist Osten?

In den 1880er-Jahren wurde die Strecke Stück für Stück gebaut. Ende des 19. Jahrhunderts war sie fertig. Die Vennbahn war bald eine wichtige Lebensader: Kohle konnte direkt aus dem Aachener Revier nach Luxemburg transportiert werden, Eisenerze in die andere Richtung. Bauern kriegten ihre Produkte in den Städten los, Arbeitnehmer konnten pendeln. Und immer diente sie militärischen Zwecken.

Die Strecke führt heute bis Troisvierges in Luxemburg. Der weit größte Teil der fast 130 Kilometer verläuft durch Belgien. An zwei Stellen gibt es aus Naturschutzgründen Besonderheiten. Bei Sourbrodt würde sie durch Brutgebiete der sehr seltenen Braunkehlchen führen: Deshalb wurde hier gut 1 Kilometer Wegstrecke umgeleitet. In Luxemburg bleibt der 800 Meter lange Tunnel bei Wilwerdingen (Fledermaustunnel Huldange) aus Artenschutzgründen gesperrt; also muss man drumherum fahren und ein kurzes Stück eine Rampe von gut zehn Prozent Steigung hinauf.

Zufahrten wurden nach und nach verbessert, auch die Hinweis-
beschilderung. Zuletzt wurden von Weywertz in Richtung Büllingen
sechs weitere Kilometer des Kylltalwegs angeschlossen. In Weis-
mes/Waimes zum Beispiel kann man die Vennbahn verlassen und
westwärts weiterradeln nach Malmedy, Stavelot, Trois-Ponts. Im
Sommerhalbjahr fahren Busse mit Fahrradanhängern von Aachen
bis Kalterherberg nah an die Vennbahn. Von Trois-Ponts fährt die
belgische Bahn nach Luxemburg oder Lüttich, nimmt aber nicht
zuverlässig Räder mit.

Wegen der Grenzveränderungen vor allem nach dem Ersten Weltkrieg mäandert die Strecke zwischen Aachens Süden und Kalterherberg mehrfach wechselnd durch deutsches und belgisches Gebiet,
später noch mal für etwa 1 Kilometer in der ehemaligen Exklave
Hemmeres. Es gibt zahllose Grenzsteine entlang der Strecke. Enthu-
siasten haben es sich zum Hobby gemacht, solche zu finden – und
zwar hundertfach: www.eberhard-gutberlett.de/abteilung1/deutsch
land---belgien-vennbahn-ab-1920.

Born, ungefähr in der Mitte zwischen Weismes und St. Vith, ist
das Dorf unter dem mächtigen, steinernen Viadukt, der heutigen
Freiherr-von-Korff-Brücke. 18 Meter hoch ist das Bauwerk, 1916 aus
fast 20.000 Tonnen Beton in nur acht Monaten gebaut. Im Mai 1940

Letzte Gleise: Vennbahn am alten Bahnhof Raeren

sprengte das belgische Militär die Brücke in die Luft. Die Deutschen kamen trotzdem. Die Brücke wurde wieder aufgebaut und ist heute ein friedliches Wahrzeichen, Erinnerung an zwei wahnsinnige Weltkriege. Die Radstrecke führt drunter durch statt mitten drüber. Das wäre dem musealen und historischen Charakter des Bauwerks auch nicht würdig. Und die Radler würden es gar nicht richtig sehen (mittlerweile darf man aber nach oben gehen).

Die Trasse selbst und vor allem die Bahnhöfe waren seit dem Versailler Vertrag belgisch – und sind es bis heute geblieben, auch wenn die Strecke durch deutsches Gebiet verläuft. Das hatte – und hat – viele teils absurde Folgen. In Fringshaus soll die Tochter des Hauses bei der exakten Grenzfestlegung nach dem Versailler Vertrag japanischen Delegierten schöne Augen gemacht haben, damit das Haus zu Belgien komme. Es kam – und ist bis heute belgisch, hat aber eine deutsche Postleitzahl. Der ehemalige Bahnhof Lammersdorf neben dem dortigen Bauernmuseum ist eine der belgischen Enklaven mitten in Deutschland. Es gehört zur Gemeinde Raeren, der Briefträger kommt auch aus Belgien, das Telefon aber gehört zum deutschen Netz. Angeblich hat hier mal eine Frau nach der Geburt ihr Baby schnell rausgetragen, damit es als in Deutschland geboren galt und nicht in Belgien (vielleicht war es aber auch umgekehrt?). In Monschau planten Investoren jahrelang ein Hotel. Das Grundstück liegt in Deutschland, aber auf belgischem Grund, weil hier mal ein Bahnhof war. Die Gemengelage war so komplex, dass die Idee nach Jahren fallen gelassen wurde.

Und sonst? Detaillierte Informationen satt:
- www.vennbahn.eu
- Das reich bebilderte Buch von Hans-Jürgen Serwe/Gotthard Kirch: Die Vennbahn, GEV 2014

Tiefergelegt: Vennbahnstrecke unter der Korff-Brücke von Born

Grenze mitten in Schengen-Europa – die Bahnschranke Hergenrath

25

Alle hier lieben ihre Schranke, dieses altertümliche Kuriosum. Als die Schranke vor Jahren bei Neubaumaßnahmen an der Bahnstrecke drohte abgeschafft zu werden, bekam sie sogar eine Demo. Politiker mussten Bestandsschutzversprechen abgeben. Erfolgreich bis heute.

Hergenrath, der Weg ins Viertel Grünthal. Die Bahnstrecke markiert hier auf 1 Kilometer Länge die Grenze zwischen Deutschland und Belgien. Mittendrin: die Schranke. Sie ist, umgekehrt als sonst an Bahnübergängen, allgemein geschlossen und wird nur auf Anruf geöffnet. Solche Schranken gibt es vereinzelt auch woanders. Aber nur hier markiert sie eine Grenze mitten in Schengen-Europa.

Man drückt die gelbe Sprechanlage. Dann krächzt es meist schnell: „Vorsicht. Schranke wird geöffnet" oder halt „Bitte warten. Zugdurchfahrt." Großen krächzenden Dank gibt es, wenn man nach der Durchfahrt ruft: „alles frei". Dann geht die Schranke wieder runter. Sonst müssen die fernen Wachhabenden lauschen, ob sie noch etwas hören. Eine Videoüberwachung darf es nicht geben, man könnte von einem Land ins andere gucken – das ist datenschutzrechtlich zu komplex.

Die Schranke ist ein Relikt aus fernen, analogen Zeiten. Ein Nostalgikum der Entschleunigung. Gelegentlich aber reagiert nachts auch mal niemand. Dann muss man 3 Kilometer kurvenreichen Umweg fahren durch einen Tunnel. Ist die Schranke tagsüber zu, müssen Kinder eine halbe Stunde länger zum Schulbus laufen, der dann längst abgefahren ist.

Hergenrath-Gare, 1,5 Kilometer weiter, ist der erste Bahnhof auf belgischer Seite hinter Aachen. Täglich brausen hier 22 ICEs und Thalys durch, auf ihrem Weg in die weite Welt. Und zwischen Aachen und Spa rattern im Stundentakt die Regionalbahnen.

Und sonst? Frage in den gelben Kasten: „Wo rufe ich eigentlich hier an? In Belgien, in Aachen oder in einem Callcenter in Calcutta?" – „Aachen, im alten Stellwerk Ronheider Berg. Noch. Wir werden bald verlegt nach Stolberg." – „Das ist ja schon Richtung Calcutta." – „Na, da haben Sie auch recht."

Wo sonst der Thalys quert: Grenzüberschreitender Bahnübergang mitten in Schengen-Europa

Das belgische Schlafzimmer – Zeitvergessenes Spazieren im **Grünthal**

26

Schampelheide, Marienheide, Siepstraße – es sind die verschlungenen Straßen, die den östlichen Teil von Hergenrath ausmachen: das Gebiet Grünthal. Es ist an zweieinhalb Seiten durch Wald umrahmt und dort nur über Fußwege erreichbar. Das abgelegene Grünthal ist als sehr stilles Wohngebiet überaus beliebt. Und für einen Spaziergang über sich immer windende Straßen nur zu empfehlen. Dahinter lockt der „Öcher Bösch", der zauberhafte Aachener Wald, ansonsten weite Blicke über das Kelmiser Land.

Deutsche bilden hier klar die Mehrheit. Man spricht auch von „Aachens belgischem Schlafzimmer". Häuser wie Bewohner sind sehr heterogen: Da ist die vollverglaste Villa mit Champagnerblick, das verwunschene Hutzelhäuschen, viel Bruchstein oder der Biobauernhof (mit Wangu-Rindern auf den Weiden), nur wenige geklinkerte Sünden dazwischen. Fast alle haben denselben Gartenarchitekten: die Natur. Überall viel wildes und wilderndes Grün, Wiesen, Weiden, halbe Urwälder. Hier wohnen grüne Politiker, Unternehmerwitwen, pensionierte Lehrer, Lebenskünstler, der Fotograf, die Dichterin.

Heinz, ehemaliger Schulrektor, macht in seiner Scheune mehrfach im Jahr halböffentliche Filmabende; Walter erzählt, sein Anwesen sei die erste WG in Hergenrath gewesen. Neulich habe er wegen eines Diebstahls die Polizei in Kelmis rufen müssen. Die hätten ewig gebraucht, bis sie den sehr komplexen Weg gefunden hatten. Und dann hätte der desorientierte Gendarm schüchtern gefragt: „Sagen Sie, wo sind wir hier eigentlich, in Deutschland oder Belgien?"

Und sonst? Immer wieder gab es Angriffe auf das Idyll. Der heimliche Puff in den 1950er-Jahren – geschenkt. Das „Café Corso" war später sogar beliebt. In den 1980ern tauchten Pläne für einen Center Park auf. Igitt! Später wollte TV-Größe Margarethe Schreinemakers eine Brachlandwiese kaufen, angeblich für einen Pferdehof-Neubau. Derzeit ärgert ein ortsfremder Neubau. „Grünthal, kein Betontal" steht auf den Protestschildern.

Grünthal 9: Aufstrebende Schönheit

Belgischer Bitzer –
Die E-Burg bei **Hergenrath**

27

Eyneburg heißt sie offiziell. Viele aber sagen zum frühmittelalterlichen Gebäudeensemble bei Hergenrath: Emmaburg. Kaiser Karl soll hier einst seine Tochter Emma erwischt haben, wie sie bei seinem Biografen Einhard in der Kemenate war. Skandal bei Hofe!? Überraschenderweise durfte Einhard bleiben, er war als Schriftgelehrter zu wichtig, um von des Kaisers großen Taten zu künden. Dumm nur: Vermutlich ist die Burg erst drei Jahrhunderte nach Karl entstanden.

Bis 2011 war die E-Burg öffentlich zugänglich, man konnte im Burginnern einen Kaffee schlürfen, im Sommer gab es auch mal Ritterspiele und einen mittelalterlichen Flohmarkt. Aus und vorbei. Die Burg wurde verkauft. Seitdem ist sie geschlossen. Und keiner weiß, wer der neue E-Burgherr ist und was er will.

Autos mit Aachener Kennzeichen stehen herum. Ein Hinweis? Durchfahrt verboten steht rundherum. Bei Zuwiderhandlung werde angezeigt. Achtung, die Burg habe allwissende Videoüberwachung, sagt ein Schild. Vorsicht Radfahrer! Nur schieben ist erlaubt! Wer nicht spurt, werde angezeigt! Kontakt: www.eyneburg.com. Nachgeprüft: Die Seite existiert nicht. Seltsam.

Eine chic gekleidete Frau, so was wie das Burgfräulein der Jetztzeit, bespricht sich gerade mit jemandem vor dem Eingang und kokettiert launig: Nein, sie sei nicht die Besitzerin. Wird die Burg irgendwann wieder zugänglich? „Schau wir mal." Sie lächelt deutlich wissender als sie tut. Auch seltsam.

Am großen Holztor ist eine große Bitzer-Figur angebracht, der Wachhund aus „Shaun das Schaf". Wohnt der tollpatschige Farmer mit den dicken Brillengläsern hier? Ein Schreiner mit Zauselbart und wildem Haar taucht auf, eine Figur wie aus dem Mittelalter hergebeamt. Er grüßt nicht zurück und guckt nur grimm. Auf einem Liegestuhl eine Figur im Anzug mit Totenschädel. Wir verlassen den mysteriösen Ort mit Schaudern.

Und sonst? Das weitläufige Burggrundstück lässt sich lieblich umwandern. Das darf man sogar. Auf dem Weg, unten im Tal, die beliebte Kletterwand von Kelmis. Öffentlich!

Eyneburg, Emmaburg: Mit Warnschildern aggressiv verteidigt, ein Burgfräulein lächelnd neben dem Totenschädel

Der Waldmeister Michael Zobel – in **Hergenrath** und anderswo

28

Michael Zobel ist so etwas wie ein Waldmeister; offiziell nennt er sich Waldpädagoge und Naturführer. Seit 17 Jahren ist der Endfünfziger im nördlichen Ostbelgien unterwegs, auf immer neuen Wegen: mal rund um das Kulturzentrum KuKuK, mal über den Naturlehrpfad am alten Bahnhof von Raeren. Er macht Pilzexkursionen, Touren zu den Laichplätzen von Kröten, Dämmerungswanderungen in aller Herrgottsfrühe und am Abend. In den Ferien stehen Waldwochen für Kinder an.

Oder es geht bei einer Dreistundenwanderung rund um Hergenrath. Zu zehnt gehen wir los: zu den „imposantesten alten Kalköfen der ganzen Gegend", über den Beschissenberg („Ich weiß bis heute nicht, warum der so heißt"), an den Bahnbrücken über das Prestertal und unter der Hammerbrücke (inklusive kleinem historischem Vortrag) hindurch. Wir passieren Dachsbauten und Hainbuchen („daher kommt das schöne alte Wort *hanebüchen*"). Schließlich kraxeln wir in die Wälder: Den See, der einst einen Steinbruch füllte, sieht man nur von hier oben. Keiner von uns wusste von ihm. Eine spektakuläre Aussicht. „Das Gelände hat vor Jahren schnell ein Privatmann gekauft, nur so, als hier ein Center Park geplant war." So was gefällt einem Naturfreund ganz besonders.

Oder Zobel ist bei Solwaster unterwegs, nicht mehr weit von Spa. Hier an der Westflanke rund um die Hoegne, ist das Venn besonders nass: Wer will, geht hier barfuß, authentischer fühlt man die Sumpfwelt nicht. Hier wachsen Rauschbeeren, ganz ähnlich den Blaubeeren. Wer früher zu Fuß durch die Vennweiten zu einem Fest ging, erläutert Zobel, „der hatte gern mit diesen Beeren, wie man heute sagen würde: vorgeglüht".

Und sonst? Zobel ist seit 2013 einmal im Monat auch in Deutschland mit Führungen durch den Hambacher Forst aktiv, wo die RWE-Braunkohlebagger die Heimat zu erledigen versuchen. Bei knapp 50 Führungen waren weit über 10.000 Menschen dabei.

www.naturfuehrung.com/programm

Waldmeister: Michael Zobel führt durch die Schönheiten der Natur (hier bei Hergenrath) und kämpft im Hambacher Forst gegen die RWE-Braunkohletaliban

Erdogan-freies Gebäck – das Café Nussstöck in **Hauset**

2011 hatten Susanne und Daniel Quodbach das Café Nussstöck eröffnet, nachdem sie das Nachbarhaus gekauft und den Bruchstein-Bauernhof aus dem 18. Jahrhundert zwei Jahre lang umgebaut hatten. „Wir wollten halt noch mal einen neuen Weg einschlagen", sagt Susanne. Ein Stück Ausbruch aus dem Alltag, „ein wenig Selbstverwirklichung auch". Viele hätten gesagt: Ihr seid ja verrückt. Wer heute als Gast im Sommer keinen Platz mehr bekommt, der weiß: Sie taten das unverrückt zu Recht.

Die Nussecken hier gelten als besondere Köstlichkeit. Tatsächlich: Eine vorzügliche Mischung aus Saftigkeit und Knusprigkeit macht sich im Mund breit. An die 100 davon gehen an einem Sommerwochenende weg. Alle Kuchen und Torten macht Susanne Quodbach selbst. „Ich backe schon immer gern", gute Rezepte sammle sie seit der Jugend. Die Haselnüsse kommen von einem spezialisierten Nusshof aus Deutschland, „keine Massenware aus der Türkei. Sie sind also Erdogan-frei."

Gatte Daniel Quodbach, auch er Mitte 50, selbstständiger Schreiner mit großer Liebe zur Kunst, stellt oben im großen Dachgeschoss des alten Hofs eigene Holzarbeiten aus, vor allem gefundene und aufbereitete Wurzelfragmente in den absonderlichsten Formen. Ab und an finden hier oben auch kleine Konzerte statt, dann wird Nussstöck zu einem kleinen Woodstöck. „Aber ohne Drogen", lacht Daniel. Die weißen Wände in den urigen Caféräumen stehen wechselnden Malern und Malerinnen zur Verfügung: Bunte Tupfer der Moderne im gemütlichen Gemäuer. Im Sommer ist der Garten vor dem Haus ein Pausen-Dorado für Wanderer und Radler.

Und sonst? „Bestimmt", meint Susanne ernst, „würde auch Guildo Horn meine Nussecken mögen, aber es ist nicht das Rezept seiner Mutter. Die arbeitet mit etwas Marmelade." Woher sie das weiß? Geheime Kommandosache. Offenbar recherchiert man im Backbusiness besonders intensiv.

Café Nussstöck, Stöck 47, Hauset, geöffnet Fr–So, 11–17 Uhr.
www.nussstoeck.eu

Nussecken von Susanne, Holzskulpturen von Daniel: Mit Kind, Kegel und Bobbycar im sommerlichen Gartencafé

Religiöses Brüssel – Katharina von Siena in **Astenet**

„Wallfahrtsorte sind die heimlichen Hauptstädte der Welt", hat der deutsche Exkanzler Konrad Adenauer einmal gesagt. Dieser Satz ist ausgehängt im Wallfahrtsort der heiligen Katharina von Siena in Astenet. Die wundersame Katharina (1347–1380), Kirchenlehrerin, Mystikerin und geweihte Jungfrau, ist heute offizielle „Schutzpatronin Europas", zu der sie Papst Johannes Paul II. 1999 ernannt hat. Wenn Astenet also im adenauerschen Sinn eine Hauptstadt ist, markiert der Ort das römisch-katholische Brüssel Europas.

Ein halbrundes, sehr flaches Gebäude. Davor die flatternde Europafahne, vorn ein grün bewachsener Teich unter Bäumen, hinten ein paar Rebenreihen Weinanbau. Das Innere ist verbaut und verwinkelt, ein kleiner Altar, viele Blumen, flackernde Gnadenkerzen. Ein Ort der Einkehr von großer Stille. Die Wallfahrtsstätte in Astenet ist die einzige zu Ehren Katharinas nördlich der Alpen.

Am Eingang ist hinter einer dicken Glasscheibe ein rot ausgeschlagener, luftdichter Holzkasten in die Mauer eingelassen. Darin ein Stück Knochen, mit silbernen Schmuckecken eingefasst; angeblich handelt es sich um eine Rippe Katharinas. Als sechsjähriges Kind soll sie erste Visionen gehabt haben, vom Erlöser Jesus Christus. Von da an betete sie lieber anstatt zu spielen, geißelte sich emsig und gelobte der Gottesmutter ewige Jungfräulichkeit. Viele hundert rechteckige Kacheln hängen hier mit Botschaften wie „Beschütze Tim", „Bitte steh allen bei, die in Not sind", „Danke für Thibault", „Dank für Erhörung". Das Gästebuch in der Krypta hat eine sehr aktuelle politische Bitte – siehe Foto.

Und sonst? Nebenan, in Walhorn, steht der tolle Couven-Bau Château Thor. Lange ein edles Restaurant samt Hotel, mittlerweile ansprechend verwildert. Nicht mehr zu erkennen ist, ob der Park gleichzeitig „streng geometrisch und wild romantisch" ist, wie ein Schild ihn in ostbelgischer Asymmetrie lange pries.

www.caterinavonsiena.be

Auf Europa aufpassen: Die Wünsche an Katharina sind nicht nur persönlicher Natur. Für großes Beteraufkommen liegen Bierbänke bereit.

Tolle Wolle – Naturcamping unter der Hammerbrücke bei **Hergenrath**

31

Die Hammerbrücke, noch so eine (ost-)belgische Kühnheit der Eisenbahngeschichte ihrer Zeit, wurde 1843 eingeweiht. 1940 kamen die Deutschen. Die belgische Armee tat, was man zu Kriegszeiten gern mit Brücken tut: Sie sprengte sie. Allerdings zu energisch: Acht Pioniere kamen ums Leben. Heute fliegen auf dem Hammerbrücke-Neubau von 2009 Thalys und ICE Lüttich oder Aachen entgegen. Direkt darunter ist die Wildnis zu Hause. Ein Stück Welt wie ein Mikro-Nationalpark.

Naturcamping Hammerbrücke nennt sich das Areal. Wobei Camping zu sehr nach Wohnwagen, Motorhome und gekachelten Sanitäranlagen klingt. Stattdessen wird naturbelassen gezeltet, hier stehen Tipis, es gibt Baumhäuser, alte Bauwagen, Lehmhütten, viele Feuerstellen. Hühner flitzen umher. Drumherum: Laubwälder, dichte Gebüsche, weites Abenteuerland.

Hier ferienfreizeiten Kinder, Pfadfindergruppen, Schulklassen. Sie produzieren Stachelstrauch-Früchtemix-Marmelade, versuchen sich im Lehmofenbau, machen Tiere-Entdeckungstouren in der Göhl oder in Tümpeln, sie schafscheren, spinnen und filzen: „Unseren Schafen brennt die Junisonne auf den Pelz und sie geben uns gern etwas von ihrer tollen Wolle ab", heißt es. Bei den „geführten Erlebnis-Spaziergängen" sind auf Wunsch die beiden Esel Baloo und Houdini dabei. Oder man macht Findemenüs: Suppen, Chutneys, Saucen, gern nach dem Motto: „Ich schnippele mich fünf Minuten durch mein Unkraut im Garten und werfe alles in mein Rührei." Das Gelände ist frei begehbar.

Und sonst? Das einst für seine fast bahnrädergroßen Schnitzel berühmte Lokal am Fuß der Brücke gibt es leider nicht mehr. Aber jetzt, auch nur ein paar Minuten entfernt, der freigelegte Eingang zu einer der weitverzweigten Stollenanlagen aus dem Galmeiabbau von La Calamine (Kelmis) im 19. Jahrhundert. Und gleich daneben ein See mit einer Graureiherkolonie.

www.naturprogramm.de

Oben Schnellzüge, unten Wanderer: Die Hammerbrücke bei Hergenrath, leider mittlerweile ohne bahnrädergroße Schnitzel nebenan

Essenzielle Milch – Bauernhof-Eis in **Lontzen**

32

Wir leben in einer Zeit von Hofmilch und Bauernkäse, von Land-bäckern, Metzgerswurst und Hausfritten. Soll alles besonders urig klingen. Über Qualität, Herkunft, Tierschutz und Chemieeinsatz sagen alle diese Wortungetüme nichts. Hauptsache, sich landlustig von industrieller Fertigung absetzen. Wir leben auch in einer Zeit, in der für die Eisproduktion nicht mehr allein Italiener zuständig sind. Lange brauchten sie ihre Geschäfte nur *Dolomiti* oder *Venezia* zu nennen und schon standen die Menschen Schlange.

In Lontzen, versteckt auf einem Bauerngehöft, sind beide Phäno-mene zusammengeführt. Marthe Corstjens und Bertrand Lahaye, beide Anfang 20 und sicher keines italienischen Ursprungs, haben Anfang 2017 den Hof mit 100 Milchkühen gepachtet und – machen jetzt in Eis. Sie tun das in einer bizarren Umgebung, so aberwitzig unprätentiös belgisch, wie es nur sein kann: Versteckt um ein paar Ecken, Schotterwege, Holzbänke, ein paar winzige Blumenkästen als Bodenschmuck, ein Fenster in einem unverputzten grauen Garagen-gebäude, darüber das etwas schiefe Schild mit dem Wortspiel „LAIT-sentiel". Das ist die Theke.

Und? Es schmeckt köstlich, nach den versprochenen Inhalten: Sahne eigener Weidemilch, etwas Eigelb eigener Hühner, dazu die regionalen Früchte vom Hof. Ohne mit zu viel Zucker zu betäuben. Und ohne Zusatzstoffe. Pistazie! Erdbeer! Cuberdon-Eis! Feine Vanille, Cookies (das man sofort akzeptiert), Zitrus-Cointreau! Wir müssen uns die Kühe glücklich vorstellen, die hier zuarbeiten dürfen. Billig ist das Jungeleute-Hausmachereis nicht: zwei Kugeln kosten 2,20 Euro. Das Kilopack aus dem Froster gibt es für 10 Euro, was etwa zwölf bis 15 Kugeln entspricht. Jeder Vergleich mit Industrieware für 2 bis 3 Euro verbietet sich.

Und sonst? Nur wer den Hof zu finden vermag, darf hier los-schlecken. An der Straße von Kelmis Richtung Aubel, kurz vor Weiß-haus links, steht ein kaum sichtbarer Werbe-Aufsteller. Adresse: Chemin de Trotzenburg 53. Geöffnet meist Mittwoch- bis Sonntag-nachmittag. Italienische Alternative: *Roncaletti* in Kelmis. Türme in grellbunt bezirzen die Augen, betören den Magen.

Ästhetisch nicht eben verlockend, aber das Wellblech-Garageneis ist zungen-beglückend: Die versteckte Eisdiele auf dem Bauerngehöft von Lontzen

Neutralstraße endlich neutral – die Querung Welkenraedt/Herbesthal

33

Neutralstraße heißt die Straße. Sie verbindet über 5 Kilometer die Kreuzung Weißes Haus zwischen Kelmis und Henri-Chapelle mit der Autobahnauffahrt im Süden. Und sie markiert hier die Grenze zwischen Welkenraedt, also dem frankophonen Osten Belgiens, und dem Ort Herbesthal, der zur Deutschsprachigen Gemeinschaft gehört.

Als die Deutschen hier einmarschierten, im Mai 1940, war die Neutralstraße eine Demarkationslinie. In Herbesthal auf der östlichen Straßenseite hissten die vielen deutschfreundlichen Belgier die Hakenkreuzfahnen, gaben den Soldaten zu essen und begrüßten sie so zackig wie freundlich. Hier durften die Wehrmachtssoldaten tatsächlich glauben, sie marschierten bei sich selbst ein, wie ein Landser-Joke damals den Überfall auf das ehemalig preußische Eupen-Malmedy (bis 1919) nannte. Gegenüber, in Welkenraedt, waren die Fenster verrammelt, viele Menschen in Panik vor Les Boches geflohen – aus gutem Grund nach dem Gemetzel an der Zivilbevölkerung im Ersten Weltkrieg.

Heute ist die Neutralstraße eine vielfach gemischte Multikultistraße. Keine Sprache dominiert mehr besonders. In Herbesthal wirbt die Boucherie Willy Erkens, gegenüber hat Docteur Marc Wintgens seine Praxis. Deutsch und Französisch gemischt: Mal steht das eine, mal das andere in zweisprachigen Hinweisen vorn. Geblieben sind mehrheitlich Deutsch sprechende Einwohner in Herbesthal, frankophone in Welkenraedt. Und beiden bleibt dasselbe Platt.

Das grellweiß gestrichene Weiße Haus war früher preußisch-belgische Grenzstation. An den Schieferplatten finden sich noch viele eingekratzte Zeugnisse aus Kriegszeiten. Darunter sind Liebesherzchen, etwa von Hilde und Hubert 1941, Notizen von Wachsoldaten („Streife 3"), auch noch SS-Runen, ein kleines Hakenkreuz oder der Wunsch vermutlich eines amerikanischen GI: „Fuck Hitler!"

Und sonst? Das Weiße Haus, erbaut 1792, ist heute eine schicke kulinarische Event Location (maisonblanche.be). Bisweilen finden in den weitläufigen Nebenräumen auch große Ausstellungen statt wie 2014/15 von der Autonomen Hochschule Eupen über die Katastrophe des Ersten Weltkriegs im Grenzland.

Ehemalige preußisch-belgische Grenzstation (oben): Weißes Haus mit Kritzeleien vieler Soldaten aus Kriegszeiten in den Schieferplatten

Stalin kaufen und versaufen – Flohmärkte wie in **Welkenraedt**

34

Belgien ist das Land der Flohmärkte. Über die Gründe haben sich Wissenschaftler und Hobby-Ethnologen schon so manchen Gedanken gemacht. Man handelt hier halt seit alters her gern. Man baut und frickelt mit Hingabe, als sei der Begriff *Do it yourself* belgischen Ursprungs. Und man wirft nichts weg, es könnte ja noch mal gebraucht werden – typisches Verhalten von Menschen, die jahrhundertelang immer mittenmang waren im Kampf der Mächte um Pfründe und Gebietsansprüche.

Im Osten Belgiens – immer schon Grenzraum, Völker- und Machtscheide – gilt das besonders. Man lebte zwischen römischen Provinzen, zwischen den Niederfranken von Eupen und den südlicheren Moselfranken, suchte ein Auskommen zwischen dem Fürstbischof von Lüttich und dem Erzbistum Köln, zwischen Belgien und Preußen. Dann zwei deutsche Überfälle. Irgendwann gehört Messitum zur Staats-DNA.

Der größte Gemischtwarenmarkt ist der in Lüttich („La Batte") sonntags am Maasufer. Der größte Flohmarkt ist der von Tongeren, seit über 30 Jahren, jeden Sonntag ab 6 Uhr wird die Stadt zum Antiquitätenmuseum mit mindestens 350 Ständen. Tongeren ist die älteste Stadt Belgiens. Da wird, siehe oben, naturgemäß auch am längsten gesammelt.

Flohvermarktet wird schier überall. Ein kleiner Platz im Ortszentrum reicht, und schon stehen dort vollgepackte Tapeziertische und drumherum ein paar wurmstichige Eichenmöbel und knarzende Stühle – ob in Eynatten, im Kurpark von Spa, in der „Megahalle" in Hauset mit Bergen an Schrott und Kram. Oder in Welkenraedt: Dort machte der Autor vor einigen Jahren den Trödel-Schnapp seines Lebens und kann seitdem sein Bier politisch trinken: Handgeschliffene Gläser von wichtigen Personen des Zweiten Weltkriegs: De Gaulle, Montgomery, Churchill, Eisenhower, Roosevelt und Stalin, französisch: Staline. Der ist bei Gästen besonders beliebt und geht gut mit Eupener Pils.

Und sonst? Hitler fehlt im Reigen glücklicherweise. Ein Gläserset hat eben sechs Exemplare. Und für Hitler hätte kein belgischer Handwerker seine Kunstfertigkeit verschwendet.

Flohmarktfund in Welkenraedt: Politische Biergläser aus der Zeit des Zweiten Weltkriegs, der sowjetische Schnauzbart Stalin vorneweg

Kein Halten mehr –
Herbesthal Bahnhof

35

100 Jahre lang war Herbesthal eine Perle des Eisenbahnwesens. 1843 wurde der Bahnhof eröffnet, es war der erste europäische Grenzbahnhof (Belgien/Preußen), bei dem ein Zug über Landesgrenzen rollte. Bald hatten große Speditionen in einer mächtigen Häuserzeile dort ihre Büros und Lager. Repräsentative Torbögen zeugten von der Bedeutung, prunkvoll waren die Einrichtungen. Es gab Wartesäle für alle Klassen und auch ein Fürstenzimmer (für die 0. Klasse sozusagen). Hier war der deutsche Kaiser zu Besuch, auch mal die englische Königin Victoria, der schwedische König regelmäßig. Hier ging die Bevölkerung blaues Blut spannen.

1907 war in Herbesthal das zentrale Postsortierzentrum Europas eingerichtet. Jahrelang hielt hier der Orient-Express. Zu Sommerzeiten sammelten sich feine Herrschaften zu Hunderten, um die beschwerliche Zugreise an die Côte d'Azur anzutreten, während die Dampfloks gewechselt werden mussten. Ab 1957 stoppte hier auch der Trans-Europa-Express TEE.

1966 hatte der Bahnhof Herbesthal ausgedient, seitdem halten die Züge ein paar hundert Meter weiter im Bahnhof Welkenraedt. Viele alte Gebäude wurden 1983 abgerissen. Bürgerproteste verfingen nicht. Geblieben sind nur noch ein paar Gebäudereste und ein paar Schienen, auf denen die Züge von Aachen oder Eupen Richtung Lüttich hindurchrollen.

Eine imposante Bahnhofsgeschichte – und das ist nur der zivile Teil. Lange hatte der Bahnhof eine besondere kriegswichtige Bedeutung, zumal er immer an der Grenze zwischen den Mächten lag. Hier gab es vor allem im Ersten Weltkrieg massive Truppenbewegungen. Herbesthal war Startpunkt zum Überfall auf Belgien. In beiden Weltkriegen diente Herbesthal den Deutschen als Nachschubbasis für die Front und war notdürftiges erstes Heimatspital für Tausende Verwundete.

Und sonst? Mittlerweile ist vieles fragmentarisch restauriert, so dass man sich ein wenig die Dimensionen des Bahnhofs vorstellen kann. Schautafeln und Fotografien (Umladen der „Dicken Bertha"!) am Bahnhof illustrieren das. Ein letztes zentrales Gebäude wird umfangreich saniert.

Bahnhofsgelände. Unten: aufbereitete Ruinenreste. Oben mit Fackel: Akteure von *Flame für Peace*, dem europäischen Friedenslauf Sarajevo–Aachen 2014

Erst das Rind, dann der Krempel – Flohmarkt
Battice

36

Kuhkopfsilhouetten bewachen die schmiedeeisernen Eingangstore. Und man kann sie tatsächlich sehen, überall sogar und sofort am Eingang: Reste von Kuhfladen, offenbar gerade erst im Doppelsinn: notdürftig weggeschrubbt, dazwischen Strohstücke. Und man kann es auch riechen. Zum Glück sind die Wellblechhallen an der Eingangsseite weit offen. Ein saftiger Wind pustet viel weg an diesem Sonntag.

In den achtgängigen Hallen wurden unter der Woche noch Rinder auktioniert. Sonntags von 5 bis 12 Uhr ist Flohmarkt im Marché Couvert de Battice. Und es gibt richtig viel zu entdecken. Viele Kleinigkeiten, alter Schmuck, Omas Küchenkram, Möbel im noch abgewrackten Originalfundzustand – ideal für Bastler! Hier landen keine Containerladungen von Billigklamotten oder Plastikspielzeug aus China. Fein gebügelte Secondhand-Hosen, in Reih und Glied aufgehängt, finden sich gleich vor Fäkalienspritzern an der Wand. Erstaunlich oft ist unter den Stöberern deutsch zu hören.

Bei manchen Schrottteilen in abervielen großen Kisten fragt man sich, ob das wirklich Flohmarktangebote sind oder Überbleibsel vom Aufmarsch der Rindviecher und ihrer Bändigung unter der Woche. Dicke Absperrketten hängen über den Trennwänden, daneben angelehnte Besen, eingerollte Wasserschläuche. Unter den Metallstreben: Spinnweben aus mutmaßlich Baudouins Zeiten. Ohnehin lassen die Händler vieles gleich in ihren Kisten, so kann man sich Fundstücke abenteuerlustig selbst herauskramen. Battice: der Wühlkistenflohmarkt.

Und sonst? Haben sie am östlichen Standrand auch ein altes Fort, gebaut 1937. Fünfeckig war es, besonders betondick, mit 4 Kilometern langen unterirdischen Gängen. Gegen die kriegsterroristischen Deutschen reichte das im Mai 1940 allerdings alles nicht.

Bückware mit Rinderduft: Flohmarkt in der betagten Viehhalle von Battice

Angejahrzehntet –
die Rockkneipe *Spirit of 66*
in **Verviers**

37

Mitten in der Stadt, unscheinbar der Eingang, eine Wallfahrtsstätte des Rock 'n' Roll: Die American Bar *Spirit of 66*. Ein Saal mit einnehmender Bühne an einer der Breitseiten, Platz für 350 Leute. An den Wänden große Schwarz-Weiß-Fotografien der Vereinigten Staaten vor einem halben Jahrhundert und älter. Drumherum: eine Original Shell-Zapfsäule, Blechschilder von Coca-Cola und anderen US-Konsumikonen, ein Bisonschädel, angestaubte XXL-Wimpel. Das Ambiente: düster, gestrig, voller Patina.

An diesem Tag spielt eine Gruppe Faltig-Langhaariger, die sich „Bar Pigs" nennt. Diese Kneipenschweine sind gleich zwei Coverbands auf einmal: Vor der Pause Black Sabbath, danach Ozzy Osborne. Die Trommelfelle haben Akkordarbeit, die teils betagten Fans toben, das Bier fließt. Der Wirt, heißt es, spreche neben Französisch und sonstigen wichtigen Weltsprachen auch alle Dialekte der Euregio Maas-Rhein, selbstredend fließend.

Multilingual zu sein macht auch Sinn: Wer hier schon alles aufgetreten ist! Vor der Herrentoilette ist eine Liste angebracht mit mehr als tausend Künstlern. Auch ohne The Who ein Who is Who der Musikgeschichte: Jan Akkerman, Al Di Meola, Barclay James Harvest, Canned Heat, Caravan, Carl Palmer, Fairport Convention, Manfred Mann's Earthband, Slade, Soft Machine, Wishbone Ash. Alles im Original. Die Sergeant Pepper's Only Dart Board Band ist wohl keine Reinkarnation der Beatles, sondern was Eigenes.

Und sonst? Das Transparent über der Bühne, eher angejahrzehntet als angejahrt, zeigt eine Zeichnung der legendären Route 66: Von Chicago über Sehnsuchtsorte wie St. Louis, Albuquerque, an Santa Fe vorbei, Flagstaff, San Bernardino nach Los Angeles. Die heutige Anreise über die weniger legendäre Route E42 ist auf der Website beschrieben.

Spirit of 66 · Place du Martyr 16 · B–4800 Verviers · www.spiritof66.be

Laut und grell: Im Rock 'n' Roll lebt der Geist von 66 munter weiter

Backfischschmaus – im Schokoladenmuseum
Verviers

38

Belgien zählt über 300 registrierte Chocolatiers. Erstaunlich viele kommen aus der Gegend rund um Verviers. Mit der Industrialisierung im 19. Jahrhundert entstanden hier diverse große Fabriken wie Legrand, Antoine Jacques, Jean Joseph Hardy. Vor knapp 100 Jahren dachte man schon in PR-Kategorien: Die Chocolaterie L'Epervier ließ sich Markennamen für seine Riegel schützen: *Colombine* (Täubchen) oder *Régal des Midinettes,* was als „Backfischschmaus" übersetzt ist.

Solche Schmonzetten erfährt man im Vervierser Schokoladenmuseum der Firma Darcis, eine der Großen im belgischen Edelsegment neben Galler, Wittamer oder Marcolini. Man erfährt chronologisch die Geschichte der süßen Droge, bekommt ein Wissensquiz serviert und kann Gewürze erschnüffeln. 8,3 Kilogramm verzehre jeder Statistikbelgier im Jahr, steht da – Platz 5 weltweit. Seltsam nur: Statistiken der OECD führen Belgien mit 5,9 Kilogramm auf der Pole, noch vor der Schweiz, dem anderen großen Schokoland. Egal – wenn man durch große Glasscheiben in die Küche guckt, fließt die Flüssigschokolade aus den Hähnen und das Wasser sofort im Mund zusammen. Deshalb widerstehen den üppigen Auslagen am Museumsausgang nur die stärksten Charaktere. Erfreulicherweise hat sich Darcis dem Motto *Bean to Bar* („Von der Bohne bis zum Riegel") verschrieben – der möglichst lückenlosen Kontrolle von der Ernte ohne Kinderarbeit über die Transportwege bis zum Schokoprodukt.

Und sonst? Der Chocolatier Hanf in Schönberg östlich von St. Vith hat seine Produktion 2016 nach Luxemburg verlegt und auch das eigene Schokoladenmuseum leider geschlossen. In Eupen gibt es auch ein solches Kakaowarenmuseum – kurioserweise mitten im Gewerbegebiet in der Industriestraße.

Verviers: www.lachocolaterie.be
Eupen: www.chocojacques.be

Zuckerglück auch ohne Kakao: Macarons-Türme im Museumsshop von Verviers

Prädigitales Glück – Zugfahrt nach **Lüttich**

39

Die belgischen Regionalzüge stammen aus Zeiten, als Baudouin noch nicht König war. Elektronik? Nein, die Türen funktionieren prädigital per Hand. Fenster? Lassen sich tatsächlich noch öffnen. Kein elektronisches Gepiepse irgendwo. Stattdessen nerviges Ruckeln, Rappeln? Gar nicht. Beim Bremsen greift kraftvoll Metall auf Metall, ohne Quietschen. Wir gleiten dahin.

Willkommen in einer Zeitreise von Aachen nach Lüttich. So muss Bahn fahren in Lummerland sein, bei Lukas dem Lokomotivführer. Nur der Dampf fehlt.

Die Fahrt dauert entweder 52 Minuten, mit Umsteigen in Welkenraedt (ab hier im IC). Oder die komplette Müßigfahrt in 90 Minuten mit Umstieg in Verviers nur in Triebwagenzügen. Weitgehend sind wir im Wesertal unterwegs. Wir erleben ein vergessenes Stück Welt, das man nicht im Grau der Autobahn kennenlernt und auch nicht im Thalys oder ICE, dieser sehr oft heftig verspäteten Angeberei auf der Highspeedtrasse.

Immer wieder neue tolle Aussichten, abgelegene Bergdörfer, steile Steinwände, weite Wiesen, mächtige Hügelgebilde. Der Wind lässt das bunte Herbstlaub in den dichten Wäldern ringsum tanzen. Die Bahnhöfe heißen Dolhain, Pepinster, Nessonvaux, Fraipont, Trooz. Zwei Dutzend Tunnel liegen auf der Strecke, jedes Mal bei der Einfahrt erschallt ein tiefes Warnhorn. Und schon taucht der nächste Ziegelsteinweiler auf. Einmal gibt es eine neue feuerrote Autobrücke neben der Strecke – doch, das bergige Abseitsländchen hier ist an die große weite Welt angeschlossen.

Der uniformierte Schaffner mit dem orangenen Band um die Mütze strahlt eine vergessene Würde der 1960er-Jahre aus. Am Ende die Schussfahrt geht es runter nach Lüttich. Ganz schön schnell, die kleinen Dinger! Ob wir gleich abheben?

Und sonst? Auch die belgische Bahn hat ihre Basismodelle modernisiert. Innen wurden die Abteile zuletzt komplett erneuert. Dadurch ging einiges an prähistorischer Authentizität verloren. Die Plastiksitze in einem seltsam blassen Lila sind nicht mehr zerschlissen und bemalt. Aber das wird schon wiederkommen.

Kein Quietschen, kein Piepsen, aber ein lautes Signalhorn vor jedem Tunnel: Zugfahren in der betagten Regionalbahn Richtung Lüttich

Erfolgreicher Planungs-
fehler – Bahnhofsmuseum
Lüttich

40

Der Bahnhof des spanischen Architekten Santiago Calatrava in Liège-Guillemins ist ein Meisterwerk. Nicht nur architektonisch: Seit der Eröffnung 2009 des geschwungenen Giganten aus Stahl, Glas und weißem Beton hat sich Lüttich von hier aus weiterentwickelt – von der Stadt mit Schmuddelklischee zu einer schicken Metropole. Ein Leuchtturmprojekt, das Impulse setzt: Davor begann aus einer Art belgischer Bronx ein neues Viertel zu entstehen (samt dem futuristischen Finanztower); in der Stadt wurden neue Kunstmuseen gebaut, der Maas-Boulevard, der riesige Park de la Boverie, es folgten die Umbauten der vielgerühmten Oper (Abonnenten bis Köln) und die Komplettsanierung heruntergekommener Viertel. Erst war da viel öffentliches Geld, dann kamen auch private Investoren, Geschäfte, Künstler. – Lüttich boomt! Die größte Stadt der Wallonie hat sich neu erfunden.

Der Bahnhof selbst hatte einen Planungsfehler. Viel zu viel Parkraum hatte man vorgesehen (das gibt es tatsächlich) – und dann schnell reagiert. Ein Teil der unterirdischen Katakomben wurde zu einem Museum umgebaut. Bis August 2018 läuft dort in Zusammenarbeit mit der Universität Lüttich der Blick auf das Jahr 2030 (Belgiens 200. Geburtstag): Wie werden wir dann leben? Eine schräge Schau, kurios, anrührend manchmal, zukunftsoptimistisch hier und verstörend da: mit Ernährungsfantasien, Photovoltaikstraßen, Personendrohnen, schwimmenden Wasserstädten. Oder Weltraumfahrt – im Europaprojekt ESA ist Belgien federführend. Ein anderes Thema: der reparierte Mensch – vom Glasauge, ersten Tinkturen, Insulin, schauderlichen Armprothesen 1914/18 bis zur künstlichen Gebärmutter. Mit Rückblicken auf große Erfindungen und mit vielen Mitmachbereichen.

Und sonst? Bisher gab es fünf große Bahnhofs-Ausstellungen. Ab 2019 sind neue Ausstellungen über die Römer, die Gallier und die 1980er-Jahre in Belgien geplant.

www.europaexpo.be

Der Calatrava-Bahnhof: Außen architektonische Pracht, innen Museum

1a-Second-Mouth-Drittzähne – Flohmarkt La Batte, **Lüttich** 41

Frische Feigen palettenweise. Kanarienvögel. Pelzimitate. Perlhühner zum Sonderpreis („promo"). Handtaschen aus Scheinleder. Strampler im Militärlook. Stoffe als Meterware. Steinpilze (34 Euro/Kilo). Socken. Krebsfleisch. Billigshirts. Billiglachs. Bettwäsche. Mortadella. Regenjacken. Dazwischen patroullierende MP-Polizisten. Pizza. Mobiler Kaffeestand. Gefälschte Markenparfums. Gänseeier. Enteneier. Eierbecher. Spielzeug, klassisch wie digital. Energiesparleuchten. Erdbeerpflanzen. Werkzeug. Fahrradklingeln. Fahrradhupen. Hot Dogs. Turmhohe leere Kisten hinter den Ständen. Schnittblumen. Hier ein Straßenmusiker, da Caruso vom Band. Waffeln. Waffen („Airsoft"). Kräuterpflanzen. Ja, auch Fritten. Kaninchen in der Pâté. Kaninchen lebendig. Schlüsselanhänger. Kartoffeln im 20-Kilo-Sack. Marktschreier. Weiße Mäuse. Marshmallows. Armbanduhren. Hähnchen vom Grill. Hühnchen lebendig. Blumenkohl. Filzpantoffeln. An den Zugängen und Nebenstraßen schräg geparkte Monstertrucks und Militärlaster. Man muss lange nach Dingen suchen, die es hier nicht gibt. Aber zugegeben, La Batte ist nicht mehr La Batte. Heute dominieren auf dem sonntäglichen Markt am Maasufer Profihändler. 3 Kilometer lang ist der Markt nach wie vor, teilweise zweireihig. Und voll. Früher war auch hier mehr Flohmarkt mit den verquersten Dingen bis hin zu 1a-Second-Mouth-Drittzähnen – drapiert auf den Auslagen. Kann ein Zahnarzt doch passend machen! Aber auch ohne Gebisse ist noch einiges an Charme geblieben. La Batte war und ist der größte Flohmarkt Belgiens.

Der klassischere Flohmarkt von Lüttich findet jeden Freitag, vormittags bis 13 Uhr statt, im alten Viertel Outremeuse: *Brocante de Saint-Pholien* auf dem Boulevard de la Constitution. Alter Kram schier grenzenlos, ein Fest in schräg und bunt. Nebenbei kann man in Outremeuse Stationen im Leben von Krimiautor Georges Simenon besuchen: Sein Geburtshaus, das Zeitungsgebäude, wo er als junger Gerichtsreporter arbeitete, die Kirche St. Pholien, wo er und seine Jugendkumpels Drogenexperimente machten und sein Kommissar Maigret später ermittelte.

Und sonst? Der Name La Batte kommt vermutlich aus dem Altwallonischen. Es heißt schlicht: Quai.

Jeden Sonntagvormittag: Budenzauber über 3 Kilometer neben der Maas

Uneitel, inbrünstig – das Gesangscafé *Les Olivettes* in **Lüttich**

42

Das Café *Les Olivettes,* gleich am Maasufer, ist ein Gesangscafé. Mit Karaoke-Partygeplärre hat das nichts zu tun: Hier sitzt der Pianist live auf der winzigen Eckbühne, und wer Lust hat, bittet ihn um eine Begleitmelodie und singt ein oder zwei Lieder. Jeder kann spontan ans Mikro, Hauptsache der Mann am Klavier kennt die Noten – oder man bringt sie mit.

Die Kneipengäste auf den harten Caféhausstühlen in dem kleinen, mit altem Mobiliar geschmückten Raum trinken derweil ihren Kaffee oder das nächste Bier. Sie lauschen, sie applaudieren – oder kümmern sich nur am Rand um die Live-Volksmusik. Gesangscafés sind ein beliebter Bestandteil der frankophonen Kultur, in der Wallonie noch mehr als in Frankreich. Lüttich hatte in den Achtzigern noch fünf solcher Kneipen, heute gibt es nur noch das Café *Les Olivettes.*

Viele einheimische Hobbysänger sind jenseits der 60, auch deutlich Ü 70. Sie schmettern ihre Lieblingschansons – so wie andere von ihren Alltagserlebnissen oder vom Krieg erzählen, ihr Liebesleid wortreich beklagen. Sie tun das inbrünstig, mit großer Würde, uneitel, vor allem wie selbstverständlich. Man meint, ihr schweres Leben in den Gesichtern zu lesen, das sie melancholisch und tapfer ertragen. Heute begleitet Philippe am Piano, ein 70-Jähriger mit Monstermoustache und strubbeligen Haaren, der da gebückt hockt wie Schröder bei den Peanuts. *La vie en rose* ist meist dabei und *Je ne regrette rien.* Das *Olivettes* gibt es seit Mitte der 1960er-Jahre.

Belgien, erzählt Win Janssen, seit 30 Jahren hier Stammgast, habe eine ganz andere Gesangskultur: „Wenn der Wallone vor Publikum ein Lied zum Besten geben will, sagt er: Ich gehe singen. Den interessiert gar nicht, dass er auf einer Bühne steht. Die Deutschen sagen: Ich habe einen Auftritt." Sonntags am Nachmittag ist die schönste Wohnzimmerstimmung. Dann lassen Besucher des Marktes *La Batte* am Maas-Ufer den Tag im *Olivettes* weiterklingen. Mit Liedern aus Zeiten, als die Antiquitäten von La Batte noch Neuwaren waren.

Und sonst? Seit den 1990er-Jahren singen die Belgier aus dem Olivettes acht Mal im Jahr in Aachen als *Café Chantant* in die Szenekneipe *Egmont.* Es ist jedes Mal brechend voll.

Les Olivettes, Rue Pied-du-Pont-des-Arches 6, B–4000 Liège

Die Seele aus dem Leib schmettern: *Les Olivettes* in Lüttich, das letzte von einstmals fünf Gesangscafés der Stadt

Feindliche Übernahme –
Limbourg

43

In Limbourg hielten die örtlichen Herzöge mehr als 500 Jahre jeder feindlichen Übernahme stand – mit Wallanlagen, Zinnen und Wassergräben. Bis 1578 die Spanier kamen. Heute reicht ein Verkehrsschild zur Abwehr von Eindringlingen: Durchfahrt verboten. Wie einfach: Die Autokolonnen mit Touristenscharen bleiben der steilen Felsenstadt fern.

Limbourg ist gesperrt. Also zu Fuß den Berg hinauf, die Stadtverantwortlichen lobpreisend. Zauberhafte Ruhe. Die Weser plätschert Lüttich entgegen, die ersten schiefen wie betagten Gemäuer räkeln sich still in der Abendsonne. Auf dem engen, alten Friedhof (ein beliebter Spot für Filmaufnahmen) gab es immer wenig Platz zum Sterben. Mit Eisenklammern mussten die Totenkeller geschützt werden, doch die hohen Grabplatten schoben sich ineinander. Die Kirche gilt als „vergessenes Knochenhaus". Mittelalter live.

Nach 15 Minuten Müßigvorangang kommt man oben an, auf der Place Saint-George neben der mächtigen Burgkirche. Augenblicklich Krach, Grillkohle- und Fettgeruch. Hunderte von Menschen, ein riesiges Bierzelt, Kirmesbuden, Discomusik, Plastikstühle, Plastiktische, das Bier aus Plastikbechern, Müll. „Retrotour" steht auf Dutzenden Oldtimern, die hier das Weichbild verschandeln. Der Club „Royal Jeunesse Limbourgeoise" feiert. Offenbar kann man Limbourg mieten.

An den mietfreien 364 Tagen im Jahr darf man das abenteuerliche Kopfsteinpflaster (aus Wesersteinen) genießen, die hutzeligen Häuser und Gassen, den Kaffee im Restaurant und die Fernsicht. Der Eintritt ins kleine Ortsmuseum ist frei.

Und sonst? Dieses wallonische Limbourg hat sowohl der flämischen als auch der holländischen Provinz den Namen gegeben. Nach 1000 Jahren Geschichte, so heißt es. Oder mehr? Es gibt die Theorie, dass dieser Fels der Ort sein könnte (es gibt ringsum keinen vergleichbaren), an dem Julius Cäsar die Atuatuker (die Nachfahren der Kimbern und Teutonen) ausgelöscht hat. Im *Bello Gallico* ist davon geschrieben.

Gekrönte Stele vor dem Friedhof von Limbourg: Details zur Geschichte der Stadt in „Der Herzog Limburg Pfad", Grenz-Echo Verlag (2. Auflage 2017)

Wachsamer Löwe – der Barrage de la **Gileppe**

44

Eigentlich ist es eine Talsperre, die 1878 nach elf Jahren Bauzeit eröffnet wurde und damals die mächtigste in Europa war. Aufgabe: In aller Ruhe das Wasser des Flüsschen Gileppe stauen und ablassen, wenn es gebraucht wird. Zunächst vor allem für die wassergierige Tuchindustrie. So ging das über Jahrzehnte.

Heute ist die Talsperre ein Freizeitpark. Da ist ein Walderlebnispfad, Startpunkt vieler Wanderungen. Im Besucherzentrum lassen sich viele Details über den Stauseebau lernen, inklusive einer Dauerausstellung zum Thema Wasser. Ein Panoramalift wurde vor ein paar Jahren gebaut, der bis in eine Höhe von 77 Metern fährt. Im Stausee-Café gelten die Crêpes als wichtigster kulinarischer Tipp. Mehrfach im Jahr präsentieren wallonische Sterneköche ein Barbecue (Infos und Reservierung: www.familydays.be). Climber hangeln sich an einer Steilwand hoch. Der Kletterwald ist spektakulär, wenn man Muße hat, von hier oben in die Weite zu gucken. Doch heute ist nicht viel mit Muße: Heute findet hier ein Triathlon statt, viel Remmidemmi, die Lautsprecherdurchsagen donnern über Stunden durch die Wälder und über die Gewässer. Kurz: An der Talsperre ist häufig reichlich Action, mit jedem Schritt entfernt macht man sie in den Weiten des Hertogenwaldes selbst: zu Fuß oder per Bike.

Was wohl der Löwe da oben über den Trubel denken mag? Er steht mitten auf der Dammkrone. Stattliche 13,5 Meter ist er hoch, er besteht aus fast 200 Blöcken Sandstein und wiegt nach unterschiedlichen Quellen mal 130, mal 300 Tonnen. Eine Waage steht nicht zur Verfügung. Seine nordöstliche Blickrichtung war damals Programm: Richtung Eupen und gleichzeitig zur preußischen Grenze, die kaum 5 Kilometer entfernt war.

Und sonst? Am Fuß der Gileppe-Talsperre, hinter dem Hotel du Lion an der Straße Richtung Jalhay, findet sich der „Lac de la Borchenne", ein kleiner See, in dem ein altes Schwimmbecken abgetrennt ist.

www.gileppe.com/de

Wachsamer Blick Richtung feindliches Preußen: Der steinerne Löwe auf der Staumauer der Gileppe-Talsperre

45– 50

Straßenbegleitmuseum – die Briefkastenparade überall

Belgische Briefträger und Briefträgerinnen haben kurze Arbeitswege. In Belgien muss kein Postzusteller auf dem Weg zum Briefkasten Vorgärten queren und auch keine weiten Wege zu einem abseits der Straßen gebauten Haus gehen oder fahren. Briefkästen müssen von Gesetzes wegen seit vielen Jahren an der Straße angebracht sein, also an der Grundstücksgrenze. Das ist bequem für die Postmitarbeiter und rationell für die Post.

Im internationalen Ranking bei Arbeitssicherheit dürften belgische Postmitarbeiter weit vorn liegen, weil sie weit weniger unfallgefährdet sind als Berufskollegen und -kolleginnen in anderen Ländern: Es drohen keine Fifis und Waldis, die ihnen beim Grundstücksbesuch ans Bein wollen, keine Dobermänner, Doberfrauen oder wild gewordene Kampf-Struppis, deren größte Freude es seit jeher ist, Menschen in Uniformen (selbst wenn sie nur früher welche trugen) anzukläffen und gegebenenfalls wegzubeißen. Wir dürfen uns belgische Briefträger als ungestresst und nervlich gefestigt vorstellen.

Auch für alle anderen haben die rigiden königlich-belgischen Briefkasten-Anbringungsbestimmungen weitreichende Folgen. Sie prägen das Weichbild vor allem der Dörfer mit vielen freistehenden Häusern. Sie geben einem sehr weit gefächerten landeseigenen Designverständnis Raum und offenbaren dadurch reichlich Individualität: Alles, was die Menschheit je an Werkstoffen erdacht hat, nutzt der bastelfreudige Ostbelgier, augenscheinlich mehr noch als andere Landsleute, zum Bau von Briefkästen. So ist ein kurioses Straßenbegleitmuseum entstanden mit monströsen Holz- oder Betonstatuen, umgebauten Milchkannen, Holzbastelarbeiten oder an den US-Westen mahnende bauchförmige Silberlinge. Tiere aller Arten sammeln sich zu einem Briefkasten-Zoo: Frosch, Katze, Pferd, Brief-Vogelhäuschen, steinerne Schwanenleiber und andere. Eine Rundfahrt durch den Osten Belgiens oder ein Spaziergang durch ein Städtchen bietet hinter fast jeder Kurve eine neue Überraschung.

Die Fundstücke in diesem Buch sind aus den Gemeinden Moresnet, Gemmenich, Sippenaeken, Hombourg, Theux, Walhorn/ Lontzen, St. Vith/Oudler/Maspelt, aus Raeren, dem besonders briefkastenkreativen Hauset, aus Eupen, aus Bütgenbach, Büllingen und womöglich aus anderen Orten, deren Name der Autor vor lauter Findeglück zu notieren vergaß.

Die meisten Postsendungen, womöglich gar alle, wissen nicht, wo sie enden. Wird es ein ganz banaler Schlitz sein, in den man eingeworfen wird? Oder womöglich ein besonders kunstvoller Kasten? Brief zu sein in Belgien muss ein aufregendes Leben sein.

Und sonst? Wer in einem Haus gleich am öffentlichen Bürgersteig wohnt, kann den Wettkampf um den kuriosesten Briefkasten nicht so leicht mitmachen. Aber man hilft sich eben, wie ein Kasten in Lüttichs Ortsteil Outremeuse beweist: Schönste Originaltür im Jugendstil – und den Briefschlitz postbauhausgerade schräg hineingefräst (siehe Seite 109 oben). Bockiger Individualismus, schierer Pragmatismus? Sicher ist es ein Kapitalverbrechen an der Ästhetik, ein kunsthistorisch krimineller Akt – aber so nimmt es im Nachhinein auch nicht Wunder, dass ausgerechnet hier Georges Simenon seine Gaunerjagden begann.

Wir wünschen allzeit nur schöne Post!

Belgische Briefkästen bieten allerlei Gestaltungsvarianten: Mal als stolz bemaltes Nationalsymbol in Eupen-Nispert, mal (siehe links) vor dem Zahnarzt-Zuhause in Bütgenbach als Backenzahn (den dann nicht der Herr Doktor füllt, sondern der Briefträger)

Seite 106: Werkstoffe aller Art: In Eynatten Familiensilhouette (aus Roststahl), der blecherne Frosch von Hauset und aus Verbundmaterialienmix: links in Kelmis und auf Seite 107 in Bütgenbach

Seite 108: Geschlitzte Milchkanne (Gemmenich). Seite 109: halbe Zoos all-
überall und die kühne Schrägschlitzung in einer Jugendstiltür von Outremeuse
in Lüttich (oben rechts)

Der Versuch, Einheitlichkeit zu erreichen, endet mit mäßigem Erfolg (entdeckt in Eynatten). Seite 111: elegante Plastikeimerkunst.

Seite 112: Möglicherweise das Denkmal für den entspannten Briefzusteller
Seite 113: Erstaunlich beliebt: Schultaschen und Tornister in vielen Designs

114

Die Blecheule von Hauset: Kann man es übers Herz bringen, hier Rechnungen oder Mahnbescheide einzuwerfen?

Der Kongress thront – **Eupens** Überoberstadt und Hinterunterstadt

51

Oben und unten, die klassische soziale Aufteilung, gibt es auch in Eupen. In der Unterstadt, nahe der Flüsse, siedelten sich im 18. Jahrhundert die Fabriken an, Tuchfabriken vor allem, Spinnereien, Webereien, Kabelwerk. Hier schufteten und lebten die Arbeiter. Hier kam es zu den ersten Arbeiteraufständen der gerade erst begonnenen Industrie-Epoche. Beim Eupener Maschinensturm 1821 hätte Karl Marx seinen Spaß gehabt, ging zu dem Zeitpunkt aber noch nicht mal zur Schule.

In Eupens Oberstadt finden sich die großen Kirchen, hier sind mehrheitlich Geschäfte, hier wohnt das Geld. Hier wird seit jeher verdient und verwaltet, eingekauft und angenehmer gelebt. Und gern wurde auf die da unten herunter geguckt – wenn man sich ihrer zwischendurch überhaupt erinnerte. Noch heute fühlen sich die Unterstädter in Eupen gelegentlich als zweite Wahl. So ist der Aussichtspunkt Moorenhöhe ein zweischneidiger Ort: Man kann über die Unterstadt hinweg gucken, aber man nimmt sie zumindest als Kulisse wahr. Und bitte: Besonders schicke Häuser sind heute in der Hinterunterstadt, da wo die Unterstadt allmählich in die Einsamkeit der Wälder übergeht.

Regierung und Ministerien, auch das Rathaus der Stadt, sind in der Oberstadt. Es ist so gesehen sinnig, dass das Parlament der Deutschsprachigen Gemeinschaft mit all seiner demokratischen Macht seit 2013 noch über der Oberstadt thront – auf dem Kaperberg neben dem Stadion im aufwendig umgebauten Sanatorium der Kaufmannserholungsgesellschaft. Ein mächtiger dunkelgrauer Klotz. Minister sind nur die Arbeiter der Politik, sie gehen weisungs- und mehrheitsgemäß weiter unten ihren Aufgaben nach. Zumindest in der Theorie. Gegenüber dem Gebäude befindet sich der Eupener Schachklub Rochade. Passt zur Politik.

Und sonst? Parlamentsgebäude mit kühnem, halb unterirdischem Plenarsaal werktags 8.30–17.30 Uhr geöffnet (freitags bis 16 Uhr). Führungen und Besichtigungen über www.pdg.be. Adresse: Platz des Parlaments 1. Die Bushaltestelle heißt wie einst: Fußballplatz.

Eupen on top: Das Parlamentsgebäude der Deutschsprachigen Gemeinschaft

Kulturelle Verschmelzung – Alter Schlachthof **Eupen**

52

Die *African Night* ist eines der Highlights im Festivaljahr des Kulturzentrums Alter Schlachthof. An zwei Abenden (immer am 1. Oktoberwochenende) donnert Musik des bunten Kontinents vom frühen Abend bis zum frühen Morgen, dazu gibt es Performances, Tanzworkshops, Trommelshows, afrikanisches Dinner. „Da vergisst man", sagt einer der niederländischen Veranstalter, der hier gerade aus *bosrank* (deutsch: Klematis) die Dekoration bastelt, „dass du in Eupen bist. Du glaubst wirklich, du bist tief in Afrika".

Seit 1903 war im markanten Industriegebäude mit 2000 Quadratmetern Fläche elektrogeschockt, gekeult, ausgeblutet worden. 1991 war ausgeschlachtet, die Ziegelsteinbauten konnten hygienischen Standards nicht mehr genügen. Bald danach wurde das Gründerzeitgebäude kulturell genutzt, ziemlich improvisiert. Die Ausstrahlung der Industrie-Architektur zog das Publikum in den Bann. Der Umbau ab 2007 verschlang rund 8 Millionen Euro. Im September 2015 wurde der „kulturelle Leuchtturm für die Stadt" (Eigenbeschreibung) eröffnet. Chic, neu, frisch, mehrere Säle mit akustischer Hightechnik ausgestattet, Kunst an den Wänden, Musik, Theater, Vorträge, Kabarett, Happenings.

Betrieben wird der Schlachthof von Chudoscnik Sunergia. Wer? Der welteinmalige Name ist cleveres Antimarketing. Chudoscnik steht russisch für *Künstler,* Sunergia ist das altgriechische Wort für *Verschmelzung.* 70 ehrenamtliche und acht professionelle Mitglieder sorgen für die Kulturschmelze. Am auffälligsten werden die Veranstalter, wenn sie den Schlachthof verlassen: Dann finden in der Eupener Innenstadt jeweils über mehrere Tage Weltmusikfest, Musikmarathon und das Straßentheaterfestival *HAASte Töne?!* statt.

Und sonst? Das kleine Eupen hat noch einen kulturellen Leuchtturm, ebenfalls ansehnlich betagt: das Jünglingshaus (Neustraße 86), gegründet 1870 von einem katholischen Jünglingsverein. Auch hier gibt es Lesungen, Konzerte, Theater und ein großes Kino mit 301 grellroten Sesseln. Geeignet für Jünglinge und Altlinge beiderlei Geschlechts.

www.alter-schlachthof.be

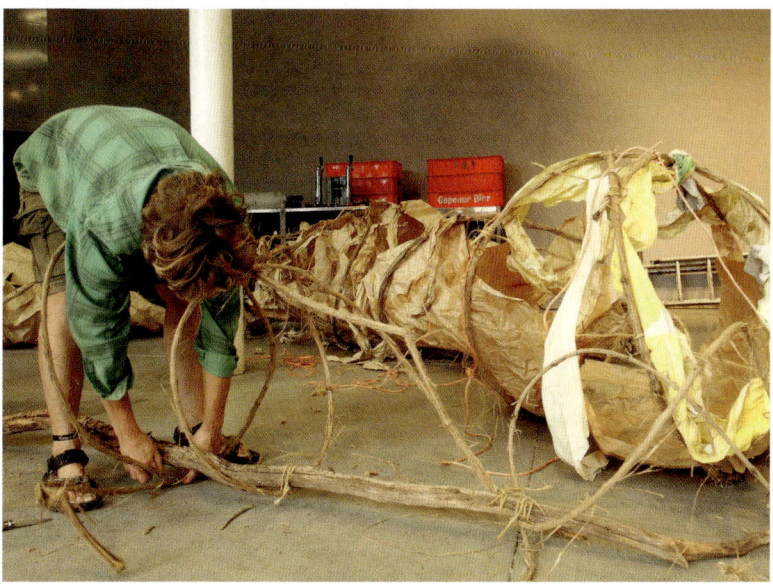

Wenn Eupen für ein Wochenende den Kontinent wechselt: *African Night* im Alten Schlachthof – Aufbau unten, große Party oben

Angenehm verstörendes Museum – das IKOB **Eupen**

53

Das Eupener IKOB ist ein ziemliches überraschendes Museum, fast verstörend. Man steht vor dem auffälligen, äußerlich schrägen und scheinbar weitläufigen Betongebäude am Hang – und wundert sich innen, wie klein, fast intim, es ist. Im Erdgeschoss ein weiter Empfangsbereich mit Tresen, einige wenige Bilder und eine offene Bibliothek. Ein Stock darüber ein riesiger Saal mit ein paar offen angrenzenden Räumen – und schon ist man durch. Nach dem Schnelldurchlauf zur Orientierung (zu dem man in handelsüblichen Riesenmuseen nie die Muße hat) fängt man noch mal an, mit Muße, konzentriert und bedächtig.

Das IKOB wurde 1993 als „Internationales Kunstzentrum Ostbelgien" gegründet. Zunächst gab es kein eigenes Gebäude. Also füllten zum Beispiel 1997 13 internationale Künstler 13 Scheunen in 13 Dörfern im Dreiländereck Belgien, Deutschland und Luxemburg mit ihren Exponaten. 1999 mietete der Kunstverein eine Lagerhalle von 600 Quadratmetern und baute sie ehrenamtlich zum heutigen Museum um. Natürlich muss die DG das Projekt seitdem finanziell unterstützen.

Die Abkürzung IKOB blieb, heute nennt sich das Haus „Museum für Zeitgenössische Kunst". Bis Ende des Jahres 2017 stellte das IKOB Arbeiten des Membacher Malers und Objektkünstlers Romain Van Wissen aus. „Komplexes Spiel mit verschiedenen Bildtiefen und unkonventioneller Farbwahl", entdeckte Kulturministerin Isabelle Weykmans. Van Wissen war Ende 2014 zum „Künstler Ostbelgiens" gekürt worden, ein Titel, der alle drei Jahre verliehen wird.

Und sonst? Ende 2017 fiel die Wahl auf Paul Pankert, Musiker und Komponist. Schon wollten wir uns überraschen lassen, wie Musik wohl in einem Museum umgesetzt wird, da winkt das IKOB lässig ab – nein, das sei ja kein Automatismus, dass ein Gekürter dort ausstelle. Ab 2018 werden wieder Arbeiten verschiedener Künstler und Künstlerinnen gezeigt, Schwerpunkt aus der Dreiländerregion.

www.ikob.be

Streng geometrisch und klar strukturiert, außen wie innen: IKOB — Museum für Zeitgenössische Kunst

Clown-Denkmal in der Zentralperipherie – Bergstraße **Eupen**

54

Ob es 1957 sehr lustig war in Eupen? Zumindest war die Stadt erfreut, dass endlich dieses besondere Denkmal aufgestellt wurde. „Nach vielen Absagen" von Bürgern und potenziellen Gönnern sei endlich, vermerken die Chroniken des Eupener und Ketteniser Karnevalsvereins heute, die Zusage der Stadt eingegangen, „einen passenden Sockel und ein angemessenes Blumenbeet für das Clown-Denkmal anbringen zu lassen". 1958 wurde der Clown enthüllt, mit Beet und Sockel, im Sommer übrigens, nicht zur jecken Jahreszeit. Die Narren waren glücklich: „Gefeiert wurde bis in die Nacht."

Ein Manneken Pis Ostbelgiens, das nur nicht pinkelt. Touristen posieren hier unten in der Bergstraße gern und lächeln clownesk für die Selfies. Schulklassen starten Malwettbewerbe „Unser Clown soll schöner werden". Zu Beginn der Session wird er jedes Jahr vom Kinderprinzen samt Gefolge öffentlich mit Spülmittel abgeschrubbt. Zum Erntedankfest sieht sich der güldene Kerl bunt eingekleidet, leuchtend rot im Oktober 2017.

Nun wird dem Clown an sich ja eine gespaltene Persönlichkeit zugeschrieben, lustig und launig nach außen, jenseits aller Camouflage im Innern oft ernst oder traurig. Insofern passt so ein launiger Gesell zu den Zeitläufen karnevalistischen Frohsinns. Der Eupener Schriftsteller Freddy Derwahl bemerkte einmal zum Clown-Denkmal: „Ein Lachen, das bereits um den grauen Aschermittwoch weiß, und eine Wehmut, die in dieser Stadt nicht das letzte Wort haben soll."

Und sonst? Wird in Eupen auch ohne Clown anderweitig gelacht, gern über sich selbst. Der Begriff „bestgeschützte Minderheit der Welt" für das Konstrukt Deutschsprachige Gemeinschaft gehört längst zur Allgemeinbildung. Die Stadt selbst sieht sich als „Zentrum der Peripherie", die Bewohner seien „Kosmopoliten in der Provinz". Ansonsten sagt man, der Eupener nörgele gern – am liebsten vor sich hin.

Aschermittwoch eingebaut: Clown-Denkmal mit zeitweiliger Garderobe

Keine livrierten Diener – Friedhof Simarstraße, Eupen

55

Einst war Eupen reich, sehr reich sogar. Man kann die Pracht entlang der alten Tuchmacherhäuser rund um den Werthplatz, die Klötzerbahn und den Marktplatz heute noch aufsaugen. Eupener Tuche waren die ersten und bald die besten und teuersten, sie gingen als Haremstücher bis in die Levante und stachen manch britischen Stoff an Qualität aus. Im Standardwerk *Die feine Tuchmanufaktur zu Eupen, ihre sämtlichen Geheimnisse, Vorteile und Preise nebst Tabellen* heißt es Anfang des 19. Jahrhunderts über die Textilbarone: „In Deutschland nennt sich ein Fürst reich, wenn er 25.000 Taler sein Eigen nennt. Damit ist ein Kaufmann in Eupen arm. Dort haben manche eine Million Taler, fahren goldene Kutschen und haben livrierte Diener."

Der Autor des länderübergreifenden Vergleichs ist unbekannt, Historiker vermuten die Feder von Wilhelm Fremerey (1765 –1832), der aus einer der angesehensten Eupener Tuchmacherfamilien stammte und gern Fabeln, Aphorismen und Gedichte zu Papier brachte, wenn ihn die Tuchfabrikation mal wieder langweilte. Und der auch mal moralisch wurde:

Dienstfertig ist nur der zu nennen,
Des Absicht wir für rein erkennen;
Der nicht verlangt, daß man ihn ehrt,
Und weder Dank noch Lohn begehrt.
Doch wer vor Eifer scheint zu brennen,
Und dennoch auf geheimer Spur
Sucht irgendeine Lust zu stillen,
Und seinen Beutel anzufüllen,
Der dient – sich selber nur.

Hinter dem Eupener Bushof, auf dem 200 Jahre alten Friedhof in der Simarstraße, liegen sie heute alle in verwitterten Grabanlagen vergangener Jahrhunderte: die Verstorbenen der Familien Fremerey, Peters und Grand Ry, daneben all die Commerzienräthe, Ehrenbürger, Ordensritter, Spinnereibesitzer, Kammgarnwerker.

Und sonst? Livrierte Diener, üppig gefüllte Beutel oder brennender Eifer sind nicht geblieben.

Keine üppig gefüllten Beutel mehr: Gräberreihe nahe der Fabrikantengrüfte auf dem altem Friedhof in der Simarstraße

Waldorf und Auenland – die Delhez-Häuser, **Eupen**

56

Organisch, eigenwillig, mutwillig ver-rückt, schräg (und das im Wortsinne): Der Eupener Architekt Yves Delhez (1957–2016) hat seiner Stadt nach dem Architekturstudium in Lüttich sehr ungewöhnliche Bauten hinterlassen. Eine Verbindung zwischen Himmel und Erde habe er herstellen wollen mit seinen Häusern, sagte er einmal. Gerade Linien igitt, die Räume verschachtelt und doch meist groß, die Fenster versetzt, mehr Rauten und Parallelogramme als banale Vierecke mit rechten Winkeln – was bei der Inneneinrichtung große Fantasie nötig macht und nicht nur Küchen und Renovierungen sehr teuer. Ein bisschen Hundertwasser, ein wenig Waldorf-Ästhetik, eine Prise Auenland. Und doch ganz eigen. Delhez, Mitgründer des IKOB (siehe Kapitel 53) und für seine „organische Architektur" vielfach preisgekrönt, kam im Februar 2016 mit 59 Jahren bei einem Autounfall ums Leben.

Und sonst? Zuletzt hatte Yves Delhez seine Bewerbung eingereicht, die Stallungen in der Eyneburg bei Hergenrath (siehe Kapitel 27) umzubauen. Das wäre was geworden: eine postmoderne Burg, so verschachtelt schief, dass jeder Ritter von den Zinnen gepurzelt wäre.

Schwungvoll rund: Die Häuser von Yves Delhez (im Haus oben wohnte er selbst, unten hinter dem Eingangstor lebt der Ex-Fußballstar Horst Heese)

Leicht entflammbar – Abendtour mit einer Nachtwächterin, **Eupen**

57

Renate Wünsche ist gut kostümiert. Schwarzer Umhang, Hut, großer schwerer Schlüsselbund, Horn, Hellebarde, Laterne mit flackernder Kerze. Wünsche gibt die Nachtwächterin von Eupen, in unsere Zeit gesprungen, 250 Jahre nach ihrem wirklichen Tun.

Die kleine quirlige Frau von kaum glaublichen 75 Jahren hopst durch Gassen, die auch Einheimische kaum kennen. „Kommt, Leute", sagt sie. Und sie erzählt uns gut 30 Leuten von früher: vom fehlenden Licht, der Pest, von der Willkür der Bischöfe, von den vielen Ratten und stinkenden Gossen. „Von wegen: Früher war alles besser, glaubt das nicht." Sie berichtet, wie sie „die Stunde anblasen musste", Türen verschließen und darauf achten, dass die Menschen auch im eisigen Winter achtsam mit den Feuerstellen in ihren leicht entflammbaren Fachwerkhäusern umgingen.

Sie erklärt vergessene und ehrlose Berufe: Handlanger, Strumpfstickerin, den ehrfürchtig und angstvoll empfundenen Totengräber oder den „Beter für andere". Das war jemand, der stellvertretend gegen Entgelt den Kontakt zum Herrn aufnehmen sollte: Man könnte auch Anderbeter oder Leihbeter sagen; *rent a prayer*. Auch ihr Job war ehrlos, weil Nachtwächter unheimlicherweise als Phantom gearbeitet haben, wenn alle schliefen. Huren dagegen, sagt sie, seien durchaus akzeptiert gewesen damals, fast ehrbar. Zwischendurch spottet sie über die heutige Stadtplanung. Zur Halbzeit kriegen wir im Touristenbüro am Marktplatz ein Klostertröpfchen.

Wir erfahren viel vom alten Eupen, weniger trocken kunsthistorisch, sondern vom Alltag, oft in Anekdoten verpackt. Vor dem prächtigen Haus Klötzerbahn 32, dem einstigen Sitz des Tuchmachers Grand Ry, erzählt Wünsche von rauschenden Festen, vom Geldadel, den goldenen Kutschen, die hier vorfuhren. Aber auch – früher war wirklich nicht alles besser –, dass es kein vernünftiges Klo gab.

Und sonst? Eigentlich ist Renate Wünsche eine komplette Fehlbesetzung. Nicht weil sie aus Norddeutschland kommt. Sondern als Frau. „Nein", sagt sie, „Nachtwächterinnen hat es nie gegeben."

www.eupen.be

Immer in Bewegung: Die Nachtwächterin Renate Wünsche

Vier Tribünchen – Katarischer Fußball bei der **AS Eupen**

58

Ein Erstligaklub in Ostbelgien, bis heute der erste und einzige: AS Eupen. An die 3000 Menschen erklimmen bei Heimspielen den Kehrweg; auch mal doppelt so viele, wenn Anderlecht kommt oder Standard Lüttich. 8300 Zuschauer passen unter die vier überdachten Tribünchen. Im November 2017 heuerte der ehemalige französische Weltstar Claude Makélélé (ehemals Real Madrid und FC Chelsea) als Trainer an. Weltstadtflair in der Provinz: Das sei, schrieben die *Aachener Nachrichten* beeindruckt, „ungefähr so, als hätte Lothar Matthäus bei Alemannia Aachen das Zepter übernommen".

Viele Investoren haben schon versucht, den kleinen Klub am Leben zu halten – selten mit seriösen Mitteln. 2012 hat der Emir von Katar mit seiner Aspire Academy den Klub gekauft. Die AS ist Farmteam für Talente aus aller Herren Länder. Im Kader 2017/18, der dritten Erstligasaison, standen vier Kataris und ein Dutzend junger Afrikaner. Wer sich bewährt, könnte katarischer Staatsbürger werden – und schießt dann das erste Tor für das Emirat bei der WM 2022. Er wird sagen, dass er in einem Ort namens Eupen seine traumhafte Karriere begonnen hat.

Im März 2018 schien der Abstieg besiegelt. In den letzten 17 Saisonminuten fehlten gegen Royal Mouscron drei Tore – und dreimal traf der gerade eingewechselte japanische Hänfling Yuta Toyokawa, zuvor ganze 81 Ligaminuten auf dem Platz. Fußballwunder sagt man dazu.

Und sonst? Anfang 2017 war die AS im Pokalhalbfinale nur zwei Schritte vom Europapokal entfernt. Ob deswegen die Beschilderung der Kassenhäuschen so international ist? Deutsch fehlt seltsamerweise.

www.as-eupen.be

Heimspiel unter flutenden Lichtern: Wenn die AS Eupen abends spielt, leuchtet die Stadt — den Katar-Millionen sei Dank und jetzt auch Herrn Tortortoryokawa

Magistratus Eupensis und nackter Engel – in den Kirchen **Eupens**

59

„Ich erzähle ihr von meiner Entdeckung eines erotischen Engels auf der Kanzel in der Eupener Marienkirche: nackte Brust, nacktes Bein, sehr souverän." Das schreibt der Eupener Schriftsteller Freddy Derwahl in seinem Roman *Nonna stirbt*. Ein nackter Engel, sicher ist das groteske Fantasie! Von wegen, im Spätbarock gab es das vereinzelt – so auch hier. Über dem kaum mehr genutzten Predigtstuhl ist ein solcher Engel zu sehen. Eine zweifelsfrei entblößte Brust. Sexy Gotteshaus!

Die Kirche neben dem Eupener Rathaus heißt im Volksmund Klosterkirche und gilt als größte Kapuzinerkirche Belgiens. Für die frankophonen Eupener, die hier sonntags um 9.15 Uhr ihre Messe feiern, heißt sie *Sainte Marie: Marienkirche*. Früher war sie Gotteshaus der Textilarbeiter. Geholfen haben ihnen ihre weltlichen Herren: „Diesen Altar haben gegeben die Tuchscherer zu Eupen 1777", steht über dem rechten Seitenaltar in güldener Schrift. Das Pendant links stifteten die Webereifabrikanten.

In Eupen wird viel gebetet. Die größte der vielen Eupener Gotteshäuser ist die weithin sichtbare Pfarrkirche St. Nikolaus mit ihren mächtigen Türmen, gleich am zentralen Marktplatz. Sie ist im 18. Jahrhundert entstanden, wobei der untere Teil des Südturms aus einem Vorbau aus dem 13. Jahrhundert stammt. Im Innern dominieren Aachener und Lütticher Barock. Verewigt sind die Großen aus Eupens großer Zeit bis heute, wo sie eigene reservierte Kirchenbänke nah dem Altar hatten: *André Grand Ry* etwa ist da dick eingraviert zu lesen oder *Magistratus Eupensis*. In der Klötzerbahn: die Friedenskirche. Ein Stück weiter die Werthkapelle mit buntem Barockaltar. Die Rokokokapelle in Nispert betreut heute treffsicher die „Königliche Sankt Johannes Enthauptungsbogenschützengesellschaft".

Und sonst? Die wenigen Evangelen Eupens treffen sich in der Unterstadt im Pangweg. In der Neustraße 87 ist das islamische Gebetszentrum – Männer beten unten, Frauen oben. Buddhisten treffen sich montags ab 19 Uhr zur Zazen-Meditation im Bennetsborn 24.

Alle packen mit an: Erntedankschmuck in der Pfarrkirche St. Nikolaus

Klötze in der Klötzerbahn – Mobile Glückseligkeit zu **Eupen**

Eupens Zentrum in der Oberstadt mit allen Geschäften und Attraktionen hat kaum 500 Meter Ausdehnung, ein fußläufiges Paradies: kompakt, alles schnell zu erreichen. Da ist im Osten der Werthplatz, rundum die Pracht der alten Tuchmacherhäuser. Und der Platz selbst? Betonkomplettversiegelt, Parkblech: Ein städtebauliches Monument der Hässlichkeit. Einparken, ausparken: Eine Wechselausstellung des mobilen Irrsinns. Nur freitags beim Wochenmarkt ist das anders.

Im Westen, der Marktplatz vor der Nikolauskirche: Ein paar Cafés, um zu sehen und gesehen zu werden (passend: „Brasserie Paparazzi"), ein Ort von Gemütlichkeit und Entspannung – den unentwegt Autos umrunden. Nervig! Weiter unten die Straßen Klötzerbahn und Gospert mit Kirchen, Regierungsgebäude, Brunnen, das historische Eupen: Und es fahren, zudem in beide Richtungen, Autos um Autos. Hölzerne Blumenklötze sind in der Klötzerbahn aufgebaut, um den Verkehr zu bändigen. Das gelingt. Die Folge: Stop and go, manchmal zünftige Verkeilungen der Fahrzeuge, Extra-Auspuffleistungen, Motorgekrächze. Fußgänger und Radler müssen sich drumherum schlängeln.

Die Kirchen bekommen hier eine postmoderne Bedeutung: als Ort von Ruhe und Zuflucht vor dem motorisierten Irrsinn. Man kann auch um Vernunft beten.

Die politisch Verantwortlichen können sagen: So hat es die Bürgerbefragung 2015 doch ergeben. Autofrei? Nein! Also, was sollen wir tun?

Wir beschreiben das hier, weil wir Optimisten sind. Wenn Sie das Buch lesen, ist vielleicht schon alles anders: Es gibt nur noch Fußgänger, Radler, Taxis, E-Kleinbusse, Lastenräder, man kann den Kopf schütteln über die frühere Verbohrtheit.

Und sonst? Gilt die Wette, dass die Umsätze der vorgeblich autoabhängigen Einzelhändler steigen würden statt zu sinken. Hasselt hat das vor Jahren eindrucksvoll vorgemacht, als das Busfahren gratis wurde und die Selbstbeweger mehrheitlich außen vor blieben. Die flämische Metropole boomte zum florierenden Shoppingparadies.

Hauptsache Auto: Was täten die Menschen nur ohne ihren „rollenden Uterus"
(Peter Sloterdijk): Etwa zu Fuß gehen, auch durch die Klötzerbahn?

Ganz knapp daneben – das alte Kloster Garnstock, **Baelen**

61

Die Wallonie beginnt am Stadtrand von Eupen mit einem katholischen Gotteshaus: Das erste Gebäude Richtung Verviers an der Ecke Hochstraße und der Rue d'Eupen ist rechts das alte Kloster Garnstock, grau, klotzig wirkend, verlassen. Gottesdienste gibt es nur noch eine Handvoll pro Jahr. Im Innern des strengen, karg eingerichteten Baus von 1934 ist es düster, es riecht modrig. Nur ein kleiner Scheinwerfer strahlt den Altar an, ein einsamer Beter kniet gerade davor.

Garnstock – im Volksmund „die Kirche der Bauern" – ist wenig bekannt. Dabei haben hier kunsthistorisch große Leute gewirkt. Kirchenarchitekt ist Dominikus Böhm, den der Kölner Nachkriegsbischof Joseph Frings einen „bahnbrechenden Meister" nannte. „Raum ist Sehnsucht" sagte er über sein Werk. Anton Wendling gestaltete die Altarbilder, womöglich auch die Glasmalereien der Fenster. Gemeinsam mit Böhm und Heinrich Campendonk hat er den kirchlichen Historismus überwunden: Expressionistischer Aufbruch anstelle jahrhundertelanger Üblichkeiten. Von Wendling sind Arbeiten in der Kathedrale von Cincinnati zu sehen, im Mainzer Dom und das Christusantlitz auf dem Friedenskreuz im Aachener Dom. Die Kreuzwegfiguren von Maria Hasemeier-Eulenbruch, Töpferin aus Raeren, wirken fast schon poppig.

Die schlichte Kirche erzählt viel über die Region. Nachdem die franziskanischen Patres das Kloster 1977 aus Geldmangel verlassen hatten, ist heute die wallonische Region zuständig für Erhalt, Pflege, Werbung. Sie kümmert sich kaum. Kunstbeflissene und religiöse Eupener sind erzürnt. Verwahrlosung, kein Denkmalschutz bislang. Schon forderten Politiker lautstark, man müsse hier die Grenze der DG neu ziehen.

Und sonst? Garnstock als Ort des Seelenheils gab es schon 1913, Eucharistiner-Patres hatten in der Region eine neue Bleibe gesucht. Vermeintlich clever wählten sie dieses Gelände, gerade außerhalb von Eupen, wo die Preußen den Katholiken das Leben schwer machten. Gute Wahl – damals. Heute ist es umgekehrt. Dumm gelaufen!

https://garnstock.jimdo.com

Bahnbrechendes Meisterwerk direkt an der Grenze zwischen Eupen und
Baelen: Das Kloster Garnstock

Braunes Schwarz – eine Hill-Wanderung

62

Es geht bergab. Kurz nach dem Start oben im Hohen Venn folgt auf die Torf- und Sumpflandschaft der Weg entlang der Hill in ihrem steinigen Bett. Eng ist es, steinig auch, mit Wurzelwerk übersät, aber insgesamt gut gehbar. Der Fluss plätschert, sonst ist Stille. Mal umschließen einen die ursprünglichen Eichen und Buchen, dicht an dicht. Dann auch mal an Steilhängen riesige Fichten, offenbar natürlich gewachsen, nicht preußisch in Marschreihe ausgerichtet. Brachflächen mit Himmelsblick sind selten. So geht das zwei, drei Stunden. Meditatives Wandern Richtung Eupen, der „Stadt unter den Wäldern".

Neben der Schwarzen Brücke, 3 Kilometer vor Eupens Unterstadt, fließt die Soer in die Hill. Seit 2017 hat die Brücke einen Betonboden statt des langsam rottenden Holzes, und sie ist dunkelbraun statt schwarz. Ein Kulturfrevel! Als die Schwarze Brücke noch wirklich schwarz war, in den Nachkriegsjahrzehnten, war die Umgebung ein Initiationsort: Hier lernten viele Kinder das Schwimmen, Jugendliche tobten durch die verwunschenen Wälder und flachen Flussläufe. Wer hier in der romantischen Idylle nicht alles das erste Mal geknutscht haben mag.

Die Hill gluckst und gluckert einem immer den Weg. Trotzdem kann eine gute Karte oder GPS nicht schaden. Zum Start muss man irgendwie nach oben geshuttelt werden. Ganz Ausdauernde starten in Haus Ternell, an der Grenze bei Mützenich, oder zum Beispiel am Naturparkzentrum und beginnen mit einer Vennquerung.

Bald ist Eupen erreicht. Zuerst tauchen Spaziergänger mit Hund auf, dann das alte Kabelwerk, Tennisclub, Wetzlarbad.

Und was sonst? Finden viele Eupener den Hillweg toll, aber den Vennabstieg über den Getzbach noch reizvoller. Der endet an der Talsperre – und wegen der weiten Rundumsicht dort sei kaum sonst wo im Herbst der ostbelgische Indian Summer schöner.

Eupener Urwald: Die letzten Meter der Soer, bevor sie in die Hill fließt

Bei Biber und Wolf – Tierisches **Ternell**

63

Gisela Lenze, Naturführerin im Naturzentrum Haus Ternell, kann erstaunliche Dinge über den Biber erzählen. Sein Pelz ist so fein und dicht, dass 20.000 Fellhaare auf einen menschlichen Fingernagel passen. So ist dem Biber das typisch nasse, nebelige und windige Winterwetter im Hohen Venn egal, anders als uns Jammerlappen, die wir frierend im Schneeregen gerade die Arbeiten der Biber bestaunen: Die gefällten Bäume, abgenagte Rinden, die Biberbauten. Der Landschaftsarchitekt *Castor fiber* hat ganze Arbeit geleistet: Neue Seen haben sich aufgestaut. 2010 waren die ersten Biber ruraufwärts angekommen. Mittlerweile leben hier mindestens drei Dutzend Tiere.

Unten im Naturzentrum haben sie ein schönes Museum komponiert, ausgestopfte Tiere samt kluger sachlicher Erklärungen: über das clevere Wirken der Eichelhäher, wichtige Nahrungsschmarotzer, Greifvögel als Gesundheitspolizei, über die Antipathien zwischen Fasan und Birkhuhn, die ökologische Kraft des Waldes (44 Prozent der ostbelgischen Fläche). Ein Pilzlernort ist dabei und eine Bienenuhr mit Einflugschneise nach draußen und interaktivem Winkelmesstisch, um die Bewegungsmuster der Tiere zu verfolgen.

Besonders stolz sind sie in Ternell auf den ausgestopften letzten Venn-Wolf, der in einer etwas arg martialischen Weise in einem Glaskasten ausgestellt ist. Am 15. Februar 1860 wurde er erlegt. Genauer gesagt: in einer Giftfalle gefunden. „Insgesamt", steht da, „starben 1817 bis 1860 im Eupener Kreisgebiet 41 Wölfe durch Menschenhand". Also pro Jahr etwa einer. In den 1780er-Jahren waren es allein in Raeren pro Jahr im Schnitt sieben.

Und sonst? *Canis lupus* kommt bekanntlich wieder. Ende 2017 waren Wölfe schon wieder kaum 100 Kilometer entfernt, in Rheinland-Pfalz. In der weiten Vennnatur können sie den Menschen keine Schafe wegreißen, hier wird man sie bestimmt akzeptieren. Willkommen, welcome, welcom, bienvenue.

www.ternell.be

Der letzte Vennwolf: Hungrig und etwas martialisch in Szene gesetzt im Museum von Haus Ternell. Wann kommt der erste Wolf in diesem Jahrtausend?

Bei Les Obamas – die Baraque Michel im **Hohen Venn**

64

Hohes Venn, zauberhafte Moorlandschaft, aber auch Nebel, Gefahren, Angst. Gruselig ist das Venn manchmal tatsächlich. Weniger, weil man im dunklen Schlamm versinken könnte – wie in einem schlechten B-Movie in Zeitlupe. Gefährlicher ist es, die Orientierung zu verlieren und sich zu verlaufen. Früher noch mehr als heute – ohne Wege damals, ohne Holzstege, Schilder und GPS.

Um 1811 baute ein Schneider aus dem rheinischen Sinzig, Michel Schmitz, hier oben eine Lehmhütte. Sie diente als Orientierungspunkt in der Unwirtlichkeit und hieß bald Baraque Michel – Michelshütte. Allabendlich läutete eine Glocke, um Menschen in Not den Weg zu weisen. Mindestens 126 arme Seelen (Torfstecher, Einsiedler, Wandersleute) konnten in den nachfolgenden 30 Jahren gerettet werden.

Die „Glocke der Verirrten" hängt immer noch unter den Dachgiebeln. Das mächtige Bruchsteinhaus ist heute Restaurant (Wildschweinfrikadellen, Kaninchen in Pflaumensahnesauce) und hat ein paar unfassbar alte und knarzende Hotelzimmer. Dort kann es passieren, dass man um 20 Uhr unten noch um zwei Flaschen Bier bitten will und erschrocken in völliger Finsternis landet. Keiner mehr da, andere Gäste auch nicht. Die Herbergsbesitzer sind längst, ohne etwas zu sagen, in ihr Zuhause Richtung Eupen gefahren. Es schneestürmt draußen, es heult um die Ecken. Die Einsamkeit lässt einen das völlige Nichts dieses Stücks Welt bänglich spüren. Hier bekäme auch der Schotte das Gruseln.

Baraque Michel – klingt das nicht wie Barack & Michelle? Ja, es ist der einzige Ort der Welt, der das Ex-Präsidentenpaar der USA im Namen trägt. Und nicht nur das: Bei der Inauguration des ersten Vennwasser-braunen Präsidenten der US-Geschichte war Barack im 48. Lebensjahr, Michelle im 45. Die Postleitzahl von Baraque Michel: 4845! Das ist doch kein Zufall! Darauf eine *Caracole Nostradamus*, ein dunkles Ale aus Dinant mit vollmundigen 9,5 Prozent!

Und sonst? Das in der Baraque selbst gebackene Bauernbrot ist ein Knüller. Dafür reisen Leute extra aus Eupen an.

www.baraquemichel.com

Die Glocke der Verirrten: Baraque Michel ist der einzige Ort der Welt, der das frühere US-Präsidentenpaar im Namen führt

Sopranistin singt das Wetter – Das Kreuz der Verlobten im **Venn**

65

Windkrumme Baumkrüppel tauchen auf hinter savannenhohen Grasflächen und verschwinden gleich wieder in der Milchnebelwolke. Wandertouren gehen zum „Geisterwald" und ins „Königliche Torfmoor", vorbei an „asymmetrischen Tälern". Es quortscht und knartscht unter den Füßen. Unwillkürlich geht man schneller als nötig. Das Hohe Venn ist diese mystische Urlandschaft, sümpfeprall, neblig oft und unwegsam – voll schwammiger Torfmoosteppiche mit dem typisch braunen, chemisch sauren Vennwasser.

Mysteriker, Sternendeuter und andere Separatisten des Daseins treffen sich gern oben im Hohen Venn. Sie tun das zu Recht. In der Wallonie heiße es: „Wer einmal im Venn war und nicht wiederkommt, war nicht im Venn." Das soll die magnetische Wirkung ausdrücken, den Sog dieser archaischen Landschaft. Man kann das allerdings auch anders interpretieren: Wer einmal ins Venn ging und nicht wiederkommt, der war nicht im Venn, der ist stattdessen im Venn geblieben.

Das *Hautes Fagnes* kennt so manche Schreckensgeschichte. Bis heute werden Moorleichen gefunden von jahrelang Vermissten – meist sind es Menschen, die sich verlaufen und dann erfrieren. Noch 2016 verirrte sich eine Familie bei einbrechender Dunkelheit, die Menschen konnten noch am Abend gerettet werden. Ein Hubschrauber musste helfen.

Nicht immer geht es gut. Daran erinnert bis heute das Kreuz der Verlobten, aus Eichenbalken gezimmert. Ein frisch verliebtes Paar hatte sich im Januar 1871 auf den Fußweg nach Xhoffraix gemacht, um die Heiratspapiere zu holen. Ein Schneesturm kam auf. Das Hausmädchen Maria Josepha Solheid und der Talsperrenarbeiter François Reiff verloren ihren Weg und erfroren. Sie waren im Venn und blieben dort. Erst im Frühjahr fand man ihre Leichen.

Und sonst? 2017 hat ein junger Eupener Komponist die Geschichte dieser beiden berühmtesten Vennopfer zu einer Kammeroper verarbeitet, der ersten Oper Ostbelgiens. Hauptperson: Eine Sopranistin als „Das Wetter". Es war ein gefeiertes Kulturereignis in Eupens Altem Schlachthof.

Tödliche Tragik um das berühmteste Liebespaar der Venngeschichte: Das Kreuz der Verlobten, eine halbe Stunde Fußweg von Baraque Michel

Eine Frage der Höhen – Signal de **Botrange**

66

Höher geht es im ganzen Königreich Belgien nicht: 694 Meter. Genau gemessen sogar 694,24. Schade und knapp – aber Urknall, Tektonik und womöglich Gottes knauseriger Wille haben Belgien die 700 nicht gegönnt.

Aber der Mensch kann ja nachhelfen. Und so kommt es, dass es hier gleich drei Möglichkeiten gibt, sich über Belgien zu erheben. Auf der gegenüberliegenden Straßenseite findet sich ein Holzpodest für den weiten Vennblick. Da erreicht man schon fast 695 Meter.

1934 wurde ein Turm gebaut. Seine Spitze erreicht stattliche 718 Meter. Hinter diesem Turm samt Parterre-Café entdeckt man ein anderes, recht seltsam anmutendes Stück Bau. Ein aufgeschütteter Erdhügel mit einer Betontreppe wie eine Rampe.

Oben gibt es ziemlich genau 1 Quadratmeter Fläche. Und ein Schild: Latitude 700 Meter. Mit dem Segen des Königs, wie ein zweites Schild kundtut. „Butte Baltia" heißt der Hügel; auf ihm wurde erstmals die 700 geknackt. Besucher lieben den Weg hier hoch. In der Enge oben muss man sich arrangieren, wer wo steht und wer wie die Selfies macht.

Und sonst? Das Venn liegt genau zwischen Europas wichtigsten Finanzplätzen London und Frankfurt. Und so gibt es seit Jahren die Idee, hier einen deutlich höheren Turm mit Parabolantennen zu bauen. Diese sollen einen Datenaustausch in Echtzeit möglich machen, statt mit den maximal ärgerlichen minimalen Zeitverzögerungen über Glasfaser. Und bitte: Sekundenbruchteile entscheiden im Zockerbusiness. Internationale Konsortien verhandelten 2017 erneut mit den Behörden. Wenn der Börsenturm kommt, würde das Terrain komplett umgebaut. Es entstünde sogar, meint der BRF (Belgischer Rundfunk), „ein Parkplatz, der den Namen verdient" statt einer Schlammwüste. Und es ginge hoch bis auf etwa 740 Meter.

Hoch hinaus mit königlichem Segen: Ein Betonstufenwerk wie eine Flugzeug-gangway, bis auf genau 700 Meter Höhe

Muße Glut und Spätmahd – das Naturparkzentrum im **Hohen Venn**

67

Sehr licht und liebevoll eingerichtet wirkt das Naturparkzentrum Botrange schon im weiten Eingangsbereich. Mitten im Raum liegen hier, sogar jetzt mitten im Sommer, brennende Kaminscheite im runden Ofen und zaubern mit ihrer Glut ein unerwartetes Extra an Behaglichkeit. Wie ein Magnet zieht der Ofen die Menschen an, die auf den Naturholzbänken ringsum ihren Kaffee trinken, in Broschüren blättern und ihre vennwassergenässten Wanderstiefel ausziehen, um sie am Feuer zu trocknen. An den Tischen dahinter werden Butterbrote und Thermoskannen ausgepackt. Die Cafeteria nebenan ist nur ein Angebot. Anything goes.

Hier, mitten im Venn, gut 1 Kilometer von Signal de Botrange entfernt, macht man gern Pause oder startet eine Wanderung. Nichts wirklich Spektakuläres. Ein Ort der Muße. Und ein Ort für ein paar Wissenshäppchen zwischendurch: Draußen zum Beispiel im kleinen Heilkräutergarten und im Gemüsegarten. Der kommt unserem genormten Hirn arg verwildert vor. Ein Schild erklärt, das viele wild gewachsene Gras zwischendrin bekomme eine „späte Mahd" wegen der Artenvielfalt. Insekten und Wild- oder Beikräuter (von Natur-Imperialisten in ihren Normgärten unisono falsch „Unkraut" genannt) goutieren das sehr.

Drinnen kann man sich an vielen Schautafeln über die Einmaligkeit des Naturraums Hohes Venn informieren – bis tief in wissenschaftliche Details. Gerade läuft auch eine Kunstausstellung zu Flora und Fauna. Da röhrt auch mal der Hirsch in Öl, Landschaften in Pastelltönen lassen einen durchpusten. Ist das Kitsch? Realistischer Kitsch vielleicht – im Venn dominieren die milden Töne. Der Shop des Zentrums ist fast eine kleine Bibliothek für Naturkundeliteratur.

Und sonst? Es gibt zu allen Jahreszeiten verschiedene Möglichkeiten diesem Ort behände zu entfliehen: Das Zentrum hat einen E-Bike-Verleih, im Winter stehen Langlaufskier bereit.

www.botrange.be

Ob Botrange, Baraque Michel oder am Naturparkzentrum: Wenn der Schnee kommt, kommen die Langlaufskier unter die Füße. Die Loipen sind gespurt!

Der PR-Suizid – das Restaurant *Mont Rigi* im **Venn**

68

Das Restaurant *Mont Rigi* war jahrzehntelang eine Institution mitten im Naturpark Hohes Venn. Das lag an Gilles. Der Schäfer Gilles, laut Legende ein hässlicher Gnom, war 1883 hingerissen von der schönen Pauline. Er wurde jedoch schnöde zurückgewiesen. Gilles erhängte sich im Dachboden eben dieses Gasthauses *Mont Rigi,* versäumte es aber vorher nicht, die Vennwelt nach Kräften zu verfluchen. Und so spukte (spukt?) sein Geist weiter durch die einsamen Weiten. Viele wollen ihn noch gesehen oder ihn zumindest gehört haben, wenn der Wind auf den Vennebenen durch die Birken pfiff. Die schöne Pauline kam bald danach von einer Vennwanderung nie mehr zurück.

Dem armen Gilles galt es besonders zu gedenken. Und so war neben dem Eingang zum Gasthaus ein Galgenbaum angebracht, samt einer buckligen Figur darauf, die gerade zur Tat schreiten will: Gilles in Massivholz. Ein Selbstmörder also als Lockmittel für ein Restaurant; eine sehr besondere Art von PR. Suizid-Marketing also. Jahrelang baumelte auch noch ein schöner Galgenstrick am Galgenbaum, vom Wind bisweilen gruselig geschaukelt. Ein eigenes Bier hat der Selbstgehenkte auch bekommen: *Biere des Gilles.* Post mortem erbraut. Wäre das nur eher erfunden worden! Der Ärmste hätte seinen Kummer vielleicht nur weggesoffen.

Zum Jahresende 2017 wurde das *Mont Rigi* aufgegeben. Das Haus gehört einer Gruppe Kataris, sie wollten den Pachtvertrag nach 25 Jahren nicht verlängern. Was die katarischen Eigentümer mit dem Gelände machen wollen, ist unklar: Vielleicht ein Höhentrainingslager für die Kicker der AS Eupen? Aber: Das ehrwürdige Mont Rigi schließen heißt *Le Nouveau Mont Rigi* eröffnen. Die Pächter haben das alte Hotel Edelweiß 5 Kilometer südlich Richtung Robertville in Sourbrodt (Route de Botrange 105) erworben und sich im Winter 2017/18 an den Umbau gemacht.

Und sonst? Im Mont Rigi gibt es wunderbare Heidelbeerfladen, groß wie Wagenräder. Gilles würde sie lieben. Sein hölzernes Ebenbild werde mitumziehen, versprach der Besitzer. Alles andere wäre auch ein fahrlässiger PR-Suizid in eigener Sache.

www.mont-rigi.be

Armer Gilles: Weil Pauline seine Liebe verschmähte, nahm er den Galgen

Das Stiefelrestaurant im Venn – **Herbiester**

69

Ein alter, hutzelig wirkender Hof nahe dem mutmaßlichen Weltende, in Herbiester, einem Nebenort von Jalhay oben im Vorvenn. Draußen ist alles pflanzenumrankt, verwildert, zugewachsen. Ein Urwald als Entree. Und drinnen: auch ein Urwald. Einer aus tausenden Flohmarktfunden und Sammlerstücken bis unter die Decken. Überbordende Regale, Kunst und Krempel, Blech, Holz, Bilder, Puppenstubenutensilien, ein Ensemble aus alten Zahnpastatuben hinter Glas. Schon im Eingangsbereich stößt man auf fast 100 Gummistiefel im Regal. Was das soll? „Die sammle ich", sagt Eigentümerin Marianne.

Das Ganze ist – ein Restaurant. Denn wundersamerweise haben die Gastgeber Marianne und Richard in ihrem Wohnzimmer und dem großen Wintergarten noch klobige Holztische und Stühle für gut 20 Personen untergebracht. Das Essen: Tagesmenü („Table d'hôte"), vier Gänge, immer wechselnd: Heute ein käsereiches Salatcarpaccio, eine klare Suppe, Fisch auf Püree, umrahmt von einem bunten Ring aus zehn knackig verschiedenen Gemüsen, zuletzt ein doppelstöckiger Nachtisch: zwei Glasschalen aufeinander gesteckt wie ein kaltes Stövchen: halbgefrorene Cremes mit frischen Früchten. Großartig. Und das alles für gerade mal 20 Euro.

Seit 2002 betreiben Marianne, die Köchin, und Gatte Richard, der Kellner – beide in den Sechzigern – ihr Haus als Wochenend-Restaurant. Sie ist eine launige Belgierin, immer dreisprachig im schnellen Wechsel, französisch, englisch, deutsch, auch mal in einem Satz. Er: Brite. Mit dem entsprechenden Humor. Eine très charming Kombination. Als Digestif nach Kaffee (gar nicht englisch, thanks Richard!) und Pfeffergebäck spielt Marianne mit ihren Gästen kuriose antiquarische Brettspiele, mit alten Holzkreiseln oder auf einem mechanischen Vorkriegsflipper.

Und sonst? Im Sommer wird auch im verwilderten Hinterhausgarten serviert. Da gibt es eine Barbecue-Hütte mit 13 Plätzen. Geöffnet nur freitags und samstags. Unbedingt reservieren. Und vier Doppelzimmer haben sie oben auch noch.

www.bretts.be

Das Entree im Restaurant Bretts: Madames Gummistiefelsammlung

Sourbrodt – Feuriger Elias, feuerrote Railbikes

70

Sourbrodt war ein Verkehrsknotenpunkt des ostbelgischen Eisenbahnverkehrs. Die Preußen haben den Bahnhof 1889 gebaut, für logistische und kriegerische Zwecke. Ein Schmuckstück damals und Startpunkt für den „Feurigen Elias", der ins Militärcamp Elsenborn dampfte. Ein paar Jahre lang war Sourbrodt Boomtown: viele Jobs, neue Häuser, zu besten Zeiten gab es 20 Kneipen und Spelunken. Der Pfarrer warnte damals: „Diese Bahn führt in die Hölle."

Das ansprechend renovierte Bahnhofsgebäude, einst fast schon verfallen, lässt das Gestern erahnen. Geblieben sind ein paar Signale neben den rostenden Restschienen. Sie stehen meist auf Rot, hinten rottet das Stellwerk, ansonsten dominieren auf dem Bahnhofsvorplatz" Gestrüpp, Schotter und ein Schuppen mit kleiner Restauration.

Daneben stehen Dutzende feuerroter Gefährte: Draisinen, die heute auch Railbike heißen, was die Sache für junge Leute deutlich cooler macht. Gerade ist eine halbe Hundertschaft Niederländer hier eingefallen, nacheinander besteigen sie die Fahrzeuge, zu viert oder zu fünft, und strampeln los bis ins etwa 7 Kilometer entfernte Kalterherberg (pro Draisine: 32 Euro hin und zurück, April bis November).

Eine Draisinenfahrt ist sehr lustig, insbesondere weil es keine Promillegrenze gibt. Sie ist eine Krücke, weil sie den lauffaulen Menschen ohne Autoblech um sich herum mitten in die Naturlandschaft bringt. Und das Railbike-Business sorgt dafür, dass die alten Gleise erhalten bleiben, die einzigen noch genutzten der alten Vennbahn. Also beiläufige Kulturrettung. Bei einem Tag in freier Natur, schwärmt die Website railbike.be, könne „man die Faune vor Ort entdecken". Das misslang uns allerdings: Statt der mythischen römischen Sexgötter blieb nur ein bisschen Fauna und viel Flora.

Und sonst? Ovifat nebenan ist die Ski-Metropole Belgiens. Ja, richtige Pisten und Lifte. Alpinski also. Venninski wäre im Venn die Entsprechung. Ist als Begriff aber nicht gebräuchlich.

Fixe belgische Reihe: Draisinisten beim Start im Bahnhof Sourbrodt

Liebeslustige Nonnen – die Kräuter von **Elsenborn**

Kräuter gelten vielen als Inbegriff für Natur und Natürlichkeit. Der Kräutergarten von Bütgenbach ist automatisiert. Eine vergitterte Drehtür. Zwei Euro einwerfen, drin. Aber vielleicht muss auch keine freundliche Kräuterhexe als Informantin dabei sein. Ab ins kleine Labyrinth aus Schotterwegen. Überall wuchert, blüht und gedeiht es. 200 Pflanzen auf zwei Hektar, darunter viele spezifische Venngewächse.

Informationen gibt es reichlich auf Schautafeln. Bewundern lassen sich der spitzlappige Frauenmantel, banale Petersilie, die gewöhnliche Nachtkerze, der Kalmus (nein, nicht Kelmis oder Calmund). Jedes Kraut scheint Kämpfer gegen ein spezifisches Leid: Kartoffelsud soll Heilkräfte gegen Sodbrennen haben. Wir lernen über Heilwirkung für das Urogenitalsystem, was tun bei Blähungen, bei Verstopfung: Gelbwurz und Echter Kümmel.

Stechender Mäusedorn ist ideal zur Stärkung der Venen. Stechender Mäusedorn gehört zu den Spargelgewächsen. „Ein Absud von frischen Blättern des Löwenzahns verdoppelt die Menge der produzierten Gallenflüssigkeit, wobei ein Absud der Wurzeln sie vervierfacht." Oder man liest die Legende vom „Essig und den vier Dieben": Darin geht es um kluge Rezepturen. Sie konnten tatsächlich auch vor Gericht helfen. Man kam als Dieb nicht mal unter Hexereiverdacht. So man männlich war.

Und sonst? Die Schautafel „Lusttreibende Pflanzen" beschreibt in Wahrheit die lustbremsenden: In englischen Studenteninternaten gab es Hopfenzapfen ins Kopfkissen, Frauen können sich prophylaktisch mit reichlich Salatblättern auf Butterbroten wehren. Und in Klöstern: „Zu liebeslustige Nonnen kühlten sich die Gedanken, indem sie im Klosterteich inmitten der Seerosen badeten." Liebeslustige Nonnen – eigentlich ein schwarzer Schimmel. Nicht so in Ostbelgien.

Herba Sana, Hinter der Heck 46, Elsenborn. Geöffnet von Mai bis September. Führungen möglich: www.herbasana.be/de

Blähungen, Verstopfung, Durchfall: Unser Darm kennt viele Kräuter, die ihn ins Gleichgewicht bringen können. Hinweistafel im Kräutergarten.

Höher wohnen – **Mürringen**, belgischer Rekordort

72

Niemand in Belgien wohnt so hoch wie Günter Schmitz-Visé und seine Familie. Mürringen ist die höchstgelegene Siedlung des Königreichs, das Haus Auf der Luft Nr. 7 liegt ganz oben im Rekordort. „Auf gut 11 Millionen Landsleute herab zu gucken", sei ja schön und gut, lächelt der Frührentner, aber die ungeschützte Höhenlage habe auch Nachteile: „Eisiger Wind im Winter, der kommt unten aus Elsenborn und aus Rocherath." Unten heißt mehrere Meter tiefer; also quasi Talgemeinden.

Mit Rocherath verbindet Mürringen (offiziell 655 Meter über NN) eine ziemliche Konkurrenz. „Die behaupten manchmal, sie lägen höher", erläutert Sohn Mario, die Folge: „immer wieder Spott gegenseitig". Bei Mario herrscht allerdings friedliche Koexistenz, seine Freundin stammt daher. „Doch", sagt er, „das geht gut mit unserer Liebe, trotz Rocherath". Alle gehören ohnehin gemeinschaftlich zur Gemeinde Büllingen, die östlichste Belgiens und die flächenmäßig größte!

In Schmitz-Visés Garten stehen der höchste Privatpool Belgiens und das höchste Gartenhäuschen. An das Grundstück stößt der höchstgelegene Fußballplatz des Landes. Rapid Mürringen spielt hier. Der Klubname ist eine Antwort auf das Image der gut 600 Mürringer, besonders langsam zu sein. Was in der sauerstoffarmen Höhenluft nur natürlich erscheint. Ärgerlich war allerdings, dass bei der Fußball-Europameisterschaft der höchstgelegenen Orte 2016 („Bergdorf-EM") im französischen Morzine nicht Rapid mitwirken durfte, sondern die Großkopferten unten aus Elsenborn. Die liegen tiefer (höchstens 635 Meter), „spielen aber höherklassig als Rapid", sagt Mario. Leistung vor Höhe – gemein!

Und sonst? Besondere Bedeutung in Mürringen hat der Weiße Stein, ganz oben (auf 692 Metern Höhe) in den weiten Wäldern versteckt (Einheimische weisen den Weg). Viele Kubikmeter groß, ein Quarzbrocken, laut Legende ein Asteroidenteil. Man versuchte, ihn schon mit Baggern und sogar Panzern auszugraben. Erfolglos. Jahr um Jahr sinkt der Stein etwas tiefer in die Erde. Ältere wie Günter Schmitz-Visé können das mit eigenen Augen beurteilen: „In meiner Kindheit war der noch viel größer." Mysterium Mürringen.

Der höchstwohnende belgische Staatsbürger: Günter Schmitz-Visé nach
Gartenmaht vor der Skyline der Talgemeinde Krinkelt

Hochstehender Zuchthengst – Bütgenbach

73

Eine rundum freundliche Gemeinde. Im Winter verlassen und verschlafen – darf man das sagen, ohne die Einwohner zu beleidigen? Wer einen See als alles beherrschendes Zentrum hat, ist eben eine Sommerfrische. Im Laufe des Frühjahres erwacht Bütgenbach. Man kann den Ort cruisen, ob per Rad oder im Auto. Den See umrunden, und immer wieder in Stichstraßen und Stichwegen zu ihm hin rollen. Man kann ihn auch lauschig umwandern (10 Kilometer), teils direkt am Wasser. Und darin baden, ob offiziell im Sport- und Freizeitzentrum Worriken oder an vielen Stellen nach Gusto. Man darf auch surfen oder Kanu fahren, weil der Stausee (1932 angelegt) der Stromerzeugung dient und nicht der Trinkwassergewinnung.

In Worriken sind sommers allerlei Freizeitaktivitäten angesagt: Balancearbeit beim Slacklinen oder Bogenschießen, es gibt einen Hochseilgarten und Seilrutschen, für Ausflüge stehen Kajaks bereit. Viele sind allerdings glücklich, wenn ab Oktober wieder mehr Ruhe herrscht nach Ferienmonaten voller Kinderlärm, Pfadfinderlagern, Partys, manchem Alkoholexzess.

Bütgenbach ist stolz, dass Dwight D. Eisenhower hier einige Tage als Kommandant der Alliierten während der Ardennenoffensive 1944/45 verbracht hat. Im Camp Elsenborn, gut 5 Kilometer nördlich, üben NATO-Verbände Bombenwürfe und Panzerschießen. Den seltenen Schwarzstorch stört das erstaunlicherweise nicht, er brütet hier und zieht die Ballerei den alltäglichen Zumutungen der Landwirtschaft offenbar vor. Menschen schätzen mehr die wilden Narzissen im Perlenbachtal nebenan.

Und sonst? Geschätzt werden auch die knopfaugigen Alpacas, die die Bäckerfamilie Halmes auf einer Wiese in der Bütgenbacher Hofstraße züchtet – dank „eines hochstehenden Zuchthengstes" (*GrenzEcho*). Über 20 Tiere haben sie schon. Außer Brötchen gibt es beim Bäcker seit Kurzem Alpaca-Mode, selbst geschoren, von einer Nachbarin genäht (Marktplatz 13).

www.worriken.be

Papa weiß, wo es zum Ufer geht: Spätsommeridyll auf dem See

Bauernsuppe im Brotmantel –
Robertville

74

Robertville ist das frankophone Pendant zu Bütgenbach. Der zweite Stausee der Warche, historisch sogar der erste, weil zwei Jahre älter, nur halb so groß (62 Hektar) mit schmaleren Wasserarmen, weil das Gelände etwas hügeliger ist. Auch in Robertville: unübersichtliche Straßenführung, immer in Kurven, weg vom See und hin zum See. Das Freibad ist das touristische Zentrum: Wiesen, Sandstrand, Wassertrampolin, Tretbootverleih, diverse Belustigungsangebote. Und allseits gelobte Fritten.

Drumherum: Dichte dunkle Forste. Liebliche Landschaften wechseln mit schroffen Felsformationen. Weite, oft menschenleere Wege locken zu abenteuerlich schönen Wanderungen, vor allem in

westlicher Richtung. Und im Sitzen? Im Hotel des Bains (14 Gault &Millau-Punkte) oder abends im Sommer auf der Terrasse des Hôtel la Chaumière du Lac, tolle Ausblicke, ebenfalls tolles Essen.

Und sonst? Schloss Reinhardstein im Norden oberhalb des Sees, ein halbes Jahrtausend alt, auch Warcheburg genannt, pittoresk auf einem Felsen gelegen, einst von den habsburgischen Metternichs bewohnt. Ab den 1970er-Jahren nach Dekaden des Verfalls wieder aufwendig restauriert. Museum, Bogenschießen, Greifvogelshows, mittelalterliche Mahlzeiten mit „Bauernsuppe im Brotmantel". Da braucht man keinen Teller.

www.reinhardstein.net
www.robert-hotels.com
www.chaumieredulac.be

Zeit zu relaxen in Robertville: Auf der Liegewiese im öffentlichen Freibad oder auf einem privaten Steg

Urwaldartiges Querwegein – die Bayehon-Schlucht bei **Robertville**

75

Geparkt wird an der Mühle: Moulin du Bayehon, auf dem Weg von Robertville Richtung Norden. 9 Kilometer zählt der vorgeschlagene Rundwanderweg durch dieses Schluchtental an der Südflanke des Venns, vorbei an der *cascade du Bayehon,* dem Wasserfall. Es ist ein zauberhafter Weg mit spektakulären Momenten zu Füßen des Venn-Rückens, away from it all. Für die Kurzatmigen oder Spaziergänger statt Wanderer hängt ein Hinweisschild: Cascade 1,6 Kilometer. Das lässt sich in einer lockeren Stunde ergehen. Kaum 100 Schritte ist man unterwegs, da steht man vor einer Kreuzung: links oder rechts? Kein Schild. Wir finden heraus: links. Es geht über einen leichten Schotterweg hinein ins enge Tal mit seiner dichten Bewaldung, immer am Wasser entlang. Die nächsten drei Gabelungen ohne Hinweis: Drei Mal ist links richtig.

Es gluckert und plätschert hier überall, manchmal suchen die Gewässer ihren Weg auch über die Gehwege. Der große Vennschwamm lässt das Nass stetig ab. Nebenan fliegen einmal zwei Mountainbiker vorbei: ein Paradies für Radkönner querwegein. Gerade als der Weg Kindern langweilig wird, geht es etwas steiler weiter, jetzt über Wurzelwerk und Steine bis zum Wasserfall, der mittig durch die Birkenwälder donnert (nach Regenwetter) oder plätschert (nach längerer Trockenheit).

Von hier aus gibt es eine Reihe Wege bis hinauf ins Venn, ins Licht, in die weite Einsamkeit. Zwischendurch wird es so urwaldhaft, wie es in unseren Breiten nur möglich ist. Holzbrücken helfen bei den steilsten und nassesten Stücken. Und vor allem: Die Bayehon-Schlucht ist zwar kein Geheimtipp mehr, aber deutlich weniger requentiert als die bekanntesten Vennwege. Wer einem entgegenkommt, schwärmt: Geht weiter, es wird noch toller, noch urwüchsiger.

Und danach? Die Mühle ist eine *petite restauration* für die Stärkung danach: Waffeln, Crêpes, Käse- und Schinkenplatten, ein Bier (Di–So: 11–18 Uhr).

www.lemoulindubayehon.be

Mal plätschert es nur, manchmal krachen die Wässer herab: Bayehon

Hängt am Tropfen –
Spa, die Wasserstadt

76

Treffen sich im Sommer 2017 zwei Wassertropfen in einer Quelle in Spa. Sagt der eine: „Und wie war's?" – „Ouuu, eine echt lange Reise. Bin froh, dass ich da raus bin. Und du?" – „So was von laaaaang. Als ich meinen Weg begonnen habe, ist Eddy Merckx seine ersten Amateurrennen gefahren." – „Wahnsinn." – „Aber ich kannte mal ein kleines Schneeflöckchen. Das wusste eine Abkürzung. Ich war ein paar Jahre schneller unterwegs."

50 Jahre und mehr braucht das eisenhaltige, mineralarme Wasser, das als Regen oder Schnee oben im Venn niedergeht, bis es hier unten in Spa angekommen ist. Erst muss es durch die meterdicken Torfschwämme sickern, dann die dichten Schieferschichten durchdringen. Das dauert. Mehr als 500 Millionen Liter pro Jahr verfüllt die große Sprudelfirma vor Ort. Sie hat leicht zapfen: 300 Quellen gibt es in der Umgebung.

Spa ist Wasserstadt. Im Englischen steht Spa für Mineralquelle, für Heilort und für einen Platz mit Pool und Sauna. Im Lateinischen könnte Spa auch eine Abkürzung für *sanus per aquam* sein, gesund durch Wasser also. Das kleine Spa zu Füßen des Venns wurde zum Synonym für alle Spas dieser Welt. Spa nennt sich mal Mineralwasserstadt, mal Heilwasserstadt. Oben auf dem Berg thront die große Therme. Gern fährt man von unten im Zahnradbahn-Aufzug hoch zu Schweißausbrüchen und Kohlensäureanwendungen – in gläsernen Kabinen, am liebsten stilecht im schneeweißen Bademantel. Wie in Zeitlupe zuckelt die Bahn nach oben. Diese Reise dauert nur etwa eine Minute. Das ist rasend schnell: Ungefähr 500.000-mal so schnell wie die Wassertropfen im Berg in umgekehrter Richtung.

Und sonst? Diese melancholische Rechnung: Die meisten von uns werden den Vennregen von heute nicht mehr aus einer Spa-Flasche trinken können.

Durchgesickertes Wasser der 1960er-Jahre: Ankunft in einer Quelle in Spa

Genesen und genießen – Boulodrome und Konzerte zu **Spa**

Hier ist alles alt. Manchmal mondän und chic, protzig manchmal. Die Angeberhäuser in den edlen Stadtvierteln. All das Schmiedeeisen im Kurpark, die Blumenrabatten, die alten Bäume, überall Patina, all die Barock-und Jugendstilbauten. Fast wähnt sich der Besucher in Spa auf einer Zeitreise. Wenn man in einem Modegeschäft das Hinweisschild „Nouvelle collection" liegt, ist man erst mal verwirrt. Hier was Neues?

Die europäische Hautevolee liebte einst dieses Talkesselstädtchen – von Kaiser Joseph II. und Victor Hugo über George Sand bis Casanova. Spa war Kurort (um von allerlei zu genesen) und Lustresidenz (um allerlei zu genießen). Bis heute kann man im ersten Kasino der Welt (eröffnet 1762) sein Geld verzocken. In Spa wurde im Ersten Weltkrieg der Waffenstillstand verhandelt, von hier ging der deutsche Kaiser Wilhelm ins niederländische Exil. Im romantischen Kurpark kann man auf den Spuren von Königin Christine von Schweden oder Zar Peter dem Großen lustwandeln, an den nebenan auch die Place Pierre le Grand erinnert. Oder sich Kurkonzerten hingeben.

Bis vor 10 oder 15 Jahren war das Zeitreisegefühl noch ausgeprägter. Spa war ziemlich heruntergekommen. Belgisches Gestern ließ sich feiern oder schreckte ab. Das hat sich grundlegend geändert. Überall ist grundrenoviert und aufgehübscht worden. Erfreulicherweise ohne den alten Charme zu übertünchen. Die Kurkonzerte wirken noch wie immer.

Und sonst? Das Boulodrome, eine besonders patinapralle Indoor-Anlage mitten im Kurpark, ist eine besondere Attraktion. Hier ist nichts übertüncht, im Gegenteil. Das Schild „Royal pétanque club de Spa" hängt wunderbar schief über dem Ausgang. Hier kann kaum noch Putz von den Wänden fallen, weil er längst unten ist wie der Mörtel von den hohen Decken. Am Rand der fünf Spielbahnen mit den feinen grauen Steinchen stehen wichtige Pokale auf krummen Holzablagen herum, daneben hängt ein großes altes Poster der *Diables rouges (Roten Teufel),* darunter liegen Stapel von Sperrmüll. Offenbar ist Krempel Teil des Interieurs.

Glänzende Bläser, glänzende Kugeln: Kurparkaktivitäten von Spa mit Platz-
konzert und Boulespiel

Königliches Gebäck –
Francorchamps

78

Das abgelegene Francorchamps zu Füßen des Venns ist ein sehr kleiner Ort. Nur etwa 700 Francorchampser und Francorchampserinnen gibt es. Im Ortsgebiet finden sich eine Menge netter kleiner Hotels, eine Apotheke (u.a. Atemmasken und Ohropax im Angebot), ein Metzger mit kreativen Wurstwaren und gleich zwei Bäcker, von denen der eine, Philippe Albert, seinem doppelt-adeligen Namen verpflichtet, sicher besonders königliches Gebäck bereitet. Viel romantischer Blumenschmuck schmeichelt den Augen, dazu einige hübsche Fachwerkhäuser.

Es gibt alles, was man so braucht: eine Kita, eine Schule (die in ihrer geometrischen Farbenpracht Mondrian gestaltet haben könnte), ein Kriegerdenkmal und sogar eine Bibliothek, die zwei Stunden in der Woche geöffnet hat. Dazu: am Ortsrand ein Chateau, ein Bahnhof aus dem 19. Jahrhundert („Ausgangspunkt von zahlreichen Wanderungen"), ein Blumengeschäft, den Immobilienmakler Schmitz, eine große Kreuzung, keine Ampel zwar, dafür aber einen Hubschrauberlandeplatz und sogar Fahrradständer. Wenn man durch Francorchamps schlendert und einen Moment träumt, ist man schon wieder raus aus dem Ort.

Zu Stadtrechten wie etwa bei Durbuy, 40 Kilometer westlich (verbrieft seit 1331), reichte es für Francorchamps nie. Durbuy hat 400 Einwohner und streitet sich mit dem schleswig-holsteinischen Arnis, wer von beiden die offiziell kleinste Stadt der Welt ist. Francorchamps gehört übrigens zur Kommune Stavelot, nicht etwa Spa, wie viele fälschlich meinen.

Und sonst? Einmal im Jahr dröhnen hier sehr flache Autos um die Wette, umweht vom Ekelparfum der Benzinverbrennung. An anderen Wochenenden versuchen sich im Kreisfahren etwas weniger flache Automobile oder Motorräder. Im Juli 2017 surrte ein pittoresker, schier endloser bunter Wurm motorfrei durch das Motodrom: Die fast 200 Fahrer der Tour de France.

Kleinod zu Füßen der Ardennen: Francorchamps mit mondrianesker Schule, einem hölzernen Lucky Luke, Wurstspezialitäten und Fachwerk

Mühsal des Aufstiegs –
Malmedy von oben

79

Oben sein ist immer gut: Der Überblick, die ausladende Sicht. Gleich hinter dem Malmundarium geht es hoch auf die Hügel von Livremont. Inmitten dichter Buchen- und Eichenwälder markieren 14 verwitterte weiße Flachrelieffiguren hinter Gittern den Leidensweg Christi – und unseren. Erst geht es bergan, dann, wenn man so sagen darf: immer berganner. Zum Ende wird es über schön schiefe Holzbalken so steil, dass sich der Aufstieg bei matschigem Herbstlaub zu einem Outdoor-Abenteuer steigert – bis ins Finale mit dem großen Kreuz und einer kleinen Kapelle.

Die Mühsal des Aufstiegs lässt Gläubige am Schicksal Jesu teilhaben. Weltlich wird die Mühe belohnt durch vielerlei Aussichten hinab in die Stadt. Man ahnt schnell, welch große Bedeutung Schiefer in Malmedy hat. Ganze Häuserzeilen sind grau verkleidet. Da sind diverse Villen aus der Belle Epoque. Und da ist der Blick auf die (innen angenehm schlicht gehaltene) Kathedrale, die immer noch so heißt, aber im strengen Sinne keine Kathedrale mehr ist. Als Malmedy 1920 belgisch wurde, war auch die christliche Macht neu zu definieren. Man schuf 1921 das neue Bistum Malmedy-Eupen, die Pfarrkirche wurde flugs zur Kathedrale. Schon 1925 wurde Malmedy dem Bistum Lüttich unterstellt. Der Name Kathedrale aber blieb, auch der Bischofsstuhl (Kathedra).

Und sonst? Die Stadtflagge weht in schwarz-gelb-grün. Jamaika im Osten Belgiens – ein Gruß an die deutsche Politik. Zwei berühmte Söhne gibt es in Malmedy: Den früheren Profifußballer Bernd Rauw (u. a. Alemannia Aachen) und den Profipolitiker Oliver Paasch, derzeit Ministerpräsident der Deutschsprachigen Gemeinschaft, die 2017 zum angeblich griffigeren Ostbelgien umgetauft worden ist. Heißt seine Bürgerliste ProDG mittlerweile eigentlich schon ProOB?

172

Schieferfassaden satt: Altstadtkulisse von Malmedy

Perle bei den Paddel-paradiesen – **Stavelot**

80

Wow – was für ein bezauberndes Städtchen. So viele alte Häuser, teils noch mittelalterlich, teils Gründerzeit, nicht durchgegendert, mit Zierrat, Eisengittern, manchmal angerostet. Herrlich schiefe Brunnen, Fachwerk in Schwarz und Weiß, Fachwerk in Braun und Weiß. Ausgelatschte Treppenstufen außen zu den Eingängen der Häuser. Pflastersteine auf den Wegen in immer neuen Farbschattierungen, Schrägheiten und Tiefen. Mönchsmasken mit den spitzen roten Nasen hängen das ganze Jahr vor vielen Gebäuden, wo anderswo Fahnen wehen.

Auf der fast dreieckigen Place Saint-Remacle im Zentrum geraten auch vorsichtige Schritte zum wackligen Hindernislauf über die Flusskieselsteine. Wenn hier bei sommerlichem Sonnenuntergang ein Klavierkonzert aus einem der Häuser erklingt, hat man die ärgerlicherweise herumparkenden Autos vergessen und glaubt den Begriff Romantik neu erfunden. Das Schaufenster der Boucherie Curnel (grandiose Bratwurst!) ist voll mit Auszeichnungen: Goldmedaille für diese Pâté, Silber für jene Wurst. Unten rauscht die Amblève (Amel) vor sich hin, neben ihr reckt sich ein letzter Schornstein als später Gruß an die Industriezeit. Gegenüber: das historische Museum in der ziegelsteinroten alten Abtei (eine der ältesten Belgiens) mit ihrem großen Innenhof.

Kulinarisch gilt das Restaurant Ô Mal Aimé als erste Adresse (12 Gault&Millau-Punkte). Die Wände im Eingangsbereich sind voll mit teils frivolen Texten von Guillaume Apollinaire. Der Dichter hat hier 1899 in einem kargen Zimmer gelebt, emsig dem Alkohol zugesprochen, am Ende angeblich alle Zeche geprellt und den Spruch hinterlassen, der über dem Eingangsbereich zu lesen ist: „Je suis ivre d'avoir bu l'univers", sinngemäß: „Ich bin so besoffen, weil ich das ganze Universum leergetrunken habe."

Und sonst? Gleich westlich von Stavelot geht es in die Ardennen. Die Amblève mündet hinter den Wasserfällen von Coo bei Trois Ponts in die Ourthe. Beide Flüsse sind Paddelparadiese.

Place Saint-Remacle von Stavelot: Landschaft aus Kieselsteinpflaster, umweht von Klängen eines sommerlichen Klavierkonzerts

Doppelter Karneval –
Stavelot und Malmedy

81

8 Kilometer sind die Nachbarn Stavelot und Malmedy voneinander entfernt. Die Städte verbindet eine lange gemeinsame Geschichte (über 1100 Jahre Reichsabtei Stablo-Malmedy, seit 648) und heute ein freundschaftlich-ketzerisches Verhältnis. Wir hatten nie diese Deutschen als Herren, sagen sie in Stavelot. Malmedy darf kontern: Tja, das hat uns im Nachhinein nur genutzt. Fast das ganze 19. Jahrhundert hindurch fand unsere Papier- und vor allem die Lederindustrie üppige Märkte im deutschen Reich, hauptsächlich im damaligen Lederzentrum Leipzig. Dafür, darf Stavelot kontern, schluckt unser Fluss, die Amel, eure Warche.

Malmedy ist bis heute die wohlhabendere Geschäftsstadt, mehr Mittelstand, aufgeräumter. Stavelot gilt als Arbeiterstadt, abgelegener, ursprünglicher. Stavelot musste kein deutsch-belgisches Desaster erleben wie der Nachbar: Kaum hatte sich während der Ardennenoffensive im Dezember 1944 wieder die Wehrmacht eingenistet, bombardierten die Amerikaner die Stadt. Sie wurde fast so ausradiert wie St. Vith.

Was beide Städte schon immer einte: die Liebe zum Karneval. Sie wird indes sehr verschieden zelebriert. In Malmedy ziehen sie farbenprächtig am Karnevalswochenende gruppenweise in 15 spezifischen Maskeraden durch die Stadt. Im Heimatmuseum Malmundarium ist das ausführlich und anschaulich dokumentiert, wie auch die Papier- und Ledergeschichte der Stadt. Anders Stavelot. Da ist am Aschermittwoch noch gar nichts vorbei. Da sind es noch vier Wochen hin bis zum Laetare-Fest, seit 1502 zelebriert. Laetare heißt Freue dich und definiert das Bergfest der Fastenzeit. Karneval ist also immer am dritten Sonntag vor Ostern: Bis zu 40.000 Menschen kommen dann in das mittelalterliche Städtchen, wenn 350 maskierte weiße Mönche („Blancs Moussis") durch die Stadt ziehen, um den Herrschenden die rote Nase zu zeigen.

Und sonst? Stavelot versinkt jedes Mal fast im Konfettiregen. Bunte Spuren finden sich noch im Oktober in Lehmmauerritzen.

Frankophoner Karneval: Masken im Stadtbild von Stavelot (oben) und im
Museum Malmundarium von Malmedy (unten)

Antwort auf Auschwitz – Das Kriegsmuseum Baugnez bei **Malmedy**

82

Kleine Museen und Gedenkstätten zum Thema 1944 gibt es gerade in der belgischen Eifel in vielen Dörfern. Südlich von Malmedy findet sich das größte – aus fürchterlichem Anlass: Wo heute der Parkplatz ist, vor dem Museum *Baugnez 44 Historical Center,* hat am 16. Dezember 1944 eine Horde Wehrmachtssoldaten und SS-Leute mehr als 80 US-Soldaten gefangen genommen, ausgeraubt und dann bestialisch niedergemetzelt: „Das Massaker von Malmedy".

Das Museum, eröffnet 2007, widmet sich dem Krieg, speziell der Ardennenoffensive im Winter 1944/45. Modern ausgeleuchtete Vitrinen dokumentieren zivilen wie militärischen Alltag: Fotoalben, Urkunden, Atlanten, Karikaturen, Bücher. Da ist die Packung schwarzer Stifte, Markenbezeichnung *Negro Pencil,* also Negerstifte, hergestellt in Österreich, darauf ein schwarzes Kindergesicht. Oder das Buch „Französisch für Berufstätige" mit einer Kriegsszene auf dem Titel. Über einer Wehrmachtsjacke hängt fein drapiert – einst geliefert vom „Päpstlichen Hoflieferanten J. Hoeptner, Breslau" – eine lilafarbene Stola, daneben liegt ein kleiner Koffer mit einem handlichen Jesus am Kreuz und ein paar Kerzen – Materialien für kriegskraftstärkende Feldgebete. In einer Vitrine sind Hakenkreuzgürtel, Trinkflaschen, Schuhe, Mützen und Rücksäcke in großer Zahl auf einen Haufen geworfen – eine späte Antwort auf die Brillenberge der Ermordeten in Auschwitz.

Und sonst? Kriegt man das Gruseln, wenn man der Mitarbeiterin lauscht: „Seit ein paar Jahren kommen zunehmend Osteuropäer und kaufen alles, wo auch nur das kleinste Hakenkreuz zu erkennen ist. Unheimlich ist das. In Deutschland ist das verboten, aber hier erlaubt. Alle paar Wochen kommt jemand zu uns mit kistenweise Fundstücken; nachdem er den Hof der Großeltern entrümpelt hat. Einmalige Sachen kommen ins Museum, alles andere in unseren Shop. Und schon stehen hier wieder ein paar Polen oder Exjugoslawen. Ich habe echt Angst."

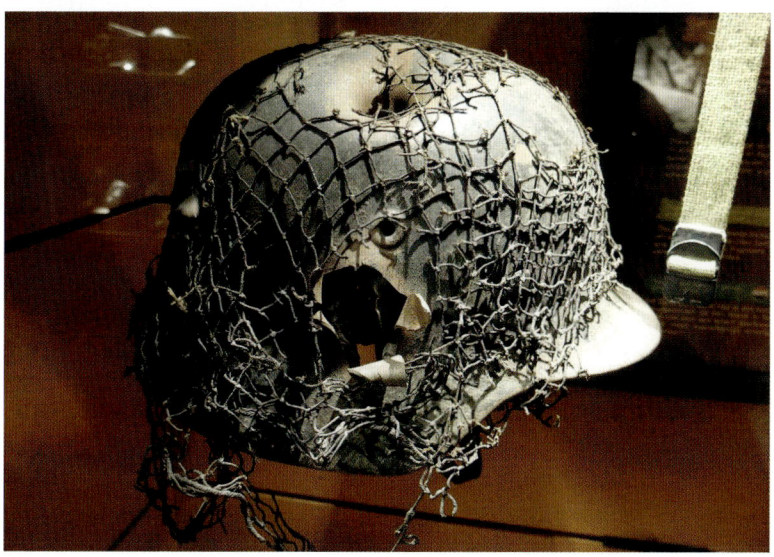

Im Museum von Baugnez: Weltkrieg als tröstende Karikatur und als tödliche Wirklichkeit

Saftiger Reiz – die milden Landschaften überall

83

Es ist diese unverbaute Weitläufigkeit, die einen im Osten Belgiens immer wieder fesselt. Milde Landschaften, gar nicht spektakulär, aber von großem saftigem Reiz, von Romantik und Ruhe. Die Blicke gehen mindestens bis an den Horizont – und dahinter geht es immer noch weiter.

Es sind Orte, die plötzlich hinter der nächsten Kurve auftauchen, wenn der Wald sich lichtet: Orte, die Einladungen zum Verweilen sind, die einen anlocken. Die ganz großen spektakulären Besonderheiten sind ihnen fremd. Das Normale ist das beiläufige Highlight en passant. Und doch haben diese Orte überall und immer wieder etwas Magnetisches: Man möchte einfach losgehen, mitten hinein, jeden Zaun ignorieren und alles Privateigentum, sich in andere Richtungen umgucken und dabei den Kühen einen schönen milchreichen Tag wünschen.

Und sonst? Es geht. Zum Glück darf man in Ostbelgien auf den Stiegelwegen wandeln. Durch das Gatter und dann einen der vielen Wanderwege nehmen, über private Wiesen querfeldein.

Unterwegs im Osten Belgiens: Beim US-Soldatenfriedhof Henri-Chapelle oben, unten in der belgischen Eifel nahe Malmedy und in den Wäldern bei Hergenrath (Seite 180)

Tiefer Frauengesang und Tieftower – der Schieferstollen in **Recht**

84

Es ist kalt hier. Sieben Grad meist, tief unten. Und die obligatorischen Helme wärmen auch nicht gerade. Dicke Jacken sind angebracht im Besucherbergwerk Recht. Blausteinschiefer wurde hier abgebaut seit den 1880er-Jahren. 2007 wurde die alte Grube zum Museum. Der Spaziergang unter Tage ist ein Bildungserlebnis. Zum Glückserlebnis wird der Besuch, wenn hier unten gesungen wird.

Ein Frauenchor beschallt die Gänge mit fetzigen Weisen. Und das inszenieren sie so einfach wie beeindruckend. Man steht vor einem Schacht oder einer Hinweistafel und plötzlich – Spot an! – startet der hallige Wohlklang schräg vor einem. Nach zwei Liedern treten die Choristinnen ab, Spot aus. Das Spiel wiederholt sich an immer neuen Orten. Man geht herum, sieht im Halbdunkel eine Personengruppe von Schachtarbeitern, ein Stück weiter noch so eine Versammlung an einer Lore – und plötzlich summen die los. Solche Special Events gehören immer mal wieder zum Programm in den Tiefen von Recht, auch zu Halloween. Gruseln im Schacht.

Und sonst? Ein anderes, deutlich größeres Bergwerk nördlich ist der Stolz der Wallonie, zudem Weltkulturerbestätte: Die riesige Steinkohlegrube Blegny bei Lüttich mit zwei Besucherschächten. Hier fällt die Postleitzahl auf: 4670. Das sind die Geburtsjahrgänge von Donald und Melania Trump. Bei der Wahl waren die Zahlen umgekehrt zugeordnet: Sie war 46 Jahre alt, er 70. Seltsam? Gruselige Zusammenhänge! Blegny passt zu dem Gebäudebauer Trump: Sind nicht Bergwerkschächte so was wie geerdete, umgekehrte Tower? Und dann ist da ja noch die Baraque Michel, der einzige Ort weltweit, der das ehemalige Präsidentenpaar Barack und Michelle Obama im Namen trägt und ebenfalls eine mysteriös passende Postleitzahl hat (siehe Kapitel 64).

Und sonst? Was das alles bedeutet, wissen wir noch nicht.

www.schieferstollen-recht.be; Di–So, 10 bis 17 Uhr
www.blegnymine.be

Im Schieferstollen von Recht: Chorgesang unter Tage

Ein Millionenberg aus Schutt – **St. Viths** vergrabenes Gestern

85

Ein hübscher kleiner Park, chic angelegt, nahe der Hauptstraße, mit weitem Blick über die Eifelhügel nach Westen. Silberkieferensembles wachsen hier, Dufteschen, Tulpenbäume, Ginkgos, Rotahorn; ein Insektenhotel ist aufgebaut. Hinweistafeln geben botanische Erklärungen. Alles sehr ruhig und idyllisch. Das Terrain nennt sich Millionenberg.

Unter dem Idyll hier liegt das alte St. Vith. Im Dezember 1944 hatte die deutsche Wehrmacht mit der verzweifelten Ardennenoffensive die Stadt überrannt und zum zweiten Mal eingenommen. Es folgte die Gegenwehr der Amerikaner. Sie bombardierten die deutschen Besatzer. Und löschten damit St. Vith aus wie keine andere Stadt. In einem Infopapier des Tourist Office heißt es heute lapidar: „Am Weihnachtstag stirbt St. Vith im alliierten Bombenhagel." Allein in der Kirche ließen 300 Menschen ihr Leben. Die Alliierten waren auch deshalb so unerbittlich, weil sie hier am 19. Dezember 1944 die größte Einzelniederlage im Westen erleben mussten: Die Deutschen nahmen fast 7000 GIs auf einmal gefangen.

Nach Kriegsende hatten Bulldozer die Reste des Ortes einfach einen Hang hinuntergeschoben und das Ganze notdürftig begrünt. Was da bis heute genau begraben liegt, weiß niemand: Geschreddertes Mauerwerk, verbrannter Hausrat, verrottete Erinnerungen, zahllose Erinnerungen, womöglich sogar Leichen. Auch Reste des völlig zerstörten Bahnhofs sind hierher gebracht worden, mit ausgekohlten Lokteilen womöglich, Schienenstücken, dem Eingeweide des stattlichen Rangierschuppens. Das Graben im Millionenberg war immer strengstens verboten. Man hatte Angst, dass die Menschen nach Silberschmuck und Goldmünzen fahnden würden. Und ihren Schnitt machen aus dem Leid der Stadt und ihrer Opfer.

Und sonst? Idyllische Ecken auch ohne Weltkriegsschutt darunter lassen sich am Stadtrand entdecken. Beim Hotel-Restaurant Steineweiher lockt ein romantischer kleiner See – und jeden Herbst die „Ungarische Woche". Die Geflügelterrine an Feigenkonfit kostet 15,50 Euro (Stand: Frühling 2018).

Bereit für die Terrine? – Geflügelidyll am Weiher ohne Weltkriegsschutt

Schokoladenhaus und Büchelturm als Leftovers – Rundgang in **St. Vith**

St. Vith, die zentrale Gemeinde im Süden, ist heute ein eigentümlich aufgeräumter Ort. Die Innenstadtstraßen sind komplett durchgepflastert. Das lässt den Ort sehr sauber, aber auch steril wirken. Zu den ganz wenigen Gebäuden, die den Krieg saniert überlebt haben, zählt das sogenannte Schokoladenhaus, das wegen seiner kakaofarbenen Klinkerfassade so heißt. Die Gemeinde St. Vith umfasst heute insgesamt 25 Ortschaften und gilt als Vieldörferstadt.

Das Tourist Office macht heute „historische Rundgänge". Alternativ schlägt man sich auf eigene Faust durch den Ort und sucht mit einem Flyer die vielen Stellen auf, die es nicht mehr gibt. „Erleben Sie die Stadt vor der Zerstörung", heißt es. Überall im Ort finden sich meterhohe Schautafeln an stabilen lila-rostbraunen Holzpflöcken: Alte historische Aufnahmen, schaudernd zu betrachten, zeigen zum Beispiel eine platte Ebene mit einzelnen Stümpfen. Das waren Ruinenreste zum Jahreswechsel 1944/45.

Ein massives Stück Gestern gibt es noch, den Büchelturm, entstanden etwa 1350, damals Teil eines Befestigungswalls der Stadt. Er steht neben dem Millionenberg-Park wie ein Wachposten. Der Turm wurde vielen am 25. 12. 1944 zum Grab, wie ein Schild erklärt: Die sechsköpfige Familie Terren-Alard kam hier um, dazu einige deutsche Soldaten, die sich gemeinsam mit ihnen vom 600 Jahre alten Mauerwerk geschützt glaubten. Heute besitzt St. Vith nach einer Studie der Universität Lüttich von 2016 das dynamischste Stadtzentrum der Wallonie. Da haben sie in St. Vith sehr gestaunt.

Und sonst? Bier gibt es im benachbarten Biermuseum Rodt kaum zu sehen, dafür das Drumherum. Über 4000 Flaschen aus allen Kontinenten sind zu bestaunen – alle sind leer (aber ein volles Glas aus über 50 Sorten lässt sich dabei leeren).

www.biermuseum.be

Todbringendes Überbleibsel nach der Bombardierung 1944: Der renovierte Büchelturm am Rand des Millionenbergs

Lokomotive des Daseins –
St. Vith, Geschichtsmuseum

87

So anziehend kann ein Museum sein. Klaus-Dieter Klauser, langjähriger Mitarbeiter des ehrenamtlichen Geschichtsvereins, führt herum. Etwa zum großen Themenkomplex Eisenbahn, wir sind schließlich im alten Bahnhofsgebäude der Stadt. Die Mitarbeiter haben ein riesiges Rangierkarussell nachgebaut, das einst fast genau da stand, wo heute das Triangel ist. Die Bahn war in der Südeifel sozusagen Lokomotive des Daseins, für die Wirtschaft und in den Kriegen. Zeitweilig arbeiteten am St. Vither Bahnhof 1000 Menschen.

Es gibt Mitmachecken und Ratespiele zur Weltgeschichte, zu besonderen Ereignissen aus Belgiens Vergangenheit. Eddy Merckx' erster Triumph bei der Tour fand am selben Tag statt, als irgend so ein Amerikaner über den Mond stolperte. Man steigert sich in Wissenslust, so interaktiv witzig sind die Ratebereiche aufgebaut. Viele historische Filme sind zu sehen, aus der Region, aber auch von Olympia 1920 in Antwerpen; vom Seilziehen und Freibadschwimmen. Und Klauser zeigt „unser Highlight": Ein bronzener Doppelkopf, kaum streichholzschachtelgroß, der sich hinter einer dicken Glasscheibe im Licht dreht. Fast 2500 Jahre alt, „kürzlich in einem Hügelgrab bei Neundorf entdeckt".

Im Kellergeschoss wird der Königliche Geschichts- und Museumsverein wieder zum alten Heimatmuseum, das er einst war. Nicht klug aufbereiteter Lernort, sondern Staunort qua Masse: Hier sind alte Werkstätten untergebracht mit unzähligen Fundstücken – von Schumachern, Schreinern, Drechslern bis zu Nachkriegselektrikern mit viel Technik aus vordigitaler Zeit, die zu einem klingenden „Elektrophonium" designt sind und ordentlich Krach machen.

Und sonst? Nix wie raus aus dem Museum. Sonntags jedenfalls. Da macht der Geschichtsverein geführte Wanderungen kreuz und quer durch die geschichtsträchtige Gegend.

www.zvs.de – Geöffnet täglich ab 13 oder 14 Uhr (auch montags hat Geschichte keine Pause).

Interaktiv, detailprall und sogar witzig: Das Geschichtsmuseum im ehemaligen
Bahnhofsgebäude führt durch alle Epochen St. Vither Vergangenheit

St. Vitus und Sankt Fritt – in **St. Vith**

88

Auch die helle, neoromanische Pfarrkirche ist nach dem Krieg neu gebaut worden (1954–1959). Die Kirche ist riesig, sehr breit, tief und hoch, wie ein Trutzbau, größer als der Aachener Dom. Der fast minaretthohe spitze Turm soll den Finger Gottes (den der Christen) symbolisieren. Für ein paar tausend Einwohner nur ist die Kirche gebaut, aber glaubhaft wird versichert, sie sei Weihnachten und Ostern brechend voll und manchmal auch bei Schulgottesdiensten. Die Kreuzwegbilder aus Kacheln, von einem polnischen Künstler Ende der 1950er-Jahre kreiert, sind knallbunt und modern, mit Anflügen an Pop-Art. In den traditionstriefenden 1950er- und 1960er-Jahren waren sie reichlich umstritten.

Die Kirche heißt St. Vitus, benannt nach dem Verkünder Vitus, der in Rom gefoltert und enthauptet wurde, heute als Märtyrer und Heiliger verehrt. Vitus ist Namensgeber und Schutzpatron von St. Vith. Ketzer werden einwerfen, dass der Schutzpatron ausgerechnet zu Weihnachten 1944 nicht übermäßig wachsam gewesen ist. Aber egal: Wäre nicht als Kirchenname St. Vithus statt Vitus auch schön gewesen, vor allem einmalig? Aber Wortspiele sind Sache der Kirche nicht. Das kann man in St. Vith an der Frittenfrage sehen.

Bis vor einigen Jahren gab es, beim Hotel Pip, eine Frittenbude *all you can eat*. Einmal zahlen, so viel essen wie man will. Paradies für Pubertierende und andere Vielfraße. Heute ist St. Vith zwiegespalten: Welche Fritten sind besser – im *Tischlein deck dich* oder die bei *Sankt Fritt*? Überzeugte Christen werden, unabhängig vom Geschmack, *Sankt Fritt* meiden. Der Pastor nämlich missbilligte den Namen nach der Eröffnung Anfang 2016 – wegen des fast schon gotteslästerlichen Wortspiels.

Und sonst? Eine Sauce Diabolo gibt es im *Sankt Fritt* Gott sei Dank nicht. Zumindest der Leibhaftige ist also außen vor.

Größer als der Aachener Dom: Kirche St. Vitus

Alles dreifach –
Triangel in **St. Vith**

89

Triangeln sind sehr vielfältig. In der Einzahl Triangel (von lateinisch *triangulum* = Dreieck) kommen sie mit allen drei Artikeln vor, also der, die oder das. Triangel ist ein Schlaginstrument im klassischen Orchester, sehr klangwichtig, aber gern verspottet. Triangel gibt es als Wappenfigur, als Leuchter in der Liturgie oder als australischen Horrorfilm. Als „Dreiangel" bezeichnet es eine Landschaft oder den rechteckigen Riss in einem Kleidungsstück. Und dann gibt es noch ein Kulturzentrum Triangel – in St. Vith.

Derdiedas ostbelgische Triangel besticht sofort durch seine mit Dreiecken spielende Architektur und seine Größe. Auch innen ist alles weit und groß: dreistöckiges Foyer, drei Konferenzsäle, drei Bühnen mit computergesteuerter Akustik und 600 Sitz- oder 3 × 600 Stehplätzen, weitläufige Proberäume, großzügige Garderoben, die Piano-Bar *La Trottinette*, alles chic und neu. Es gibt Theater, Kabarett und Konzerte mit beachtlichen Künstlern für ein doch kleines Städtchen – mit Nena, Jürgen B. Hausmann, den Brings, von den Chippendales bis hin zu russischen Ballettgrößen. Endlich hat die Kultur einen Ort gefunden in der belgischen Eifel, sagen Kenner. Der deutschsprachige Belgische Rundfunk hat hier sein Südhälfte-Studio, die Kirche ihre Pfarrbibliothek. Hier wird alle fünf Jahre der Ostkar verliehen, der Wirtschaftspreis für Ostbelgien.

„Kultur-, Konferenz- und Messezentrum Triangel St. Vith" nennt sich das Ensemble. Hier hat die DG richtig Geld in die Hand genommen. An einer der Seitenwände verkündet ein Schild etwas sehr bürokratisch: „Dienstleistungszentrum der Deutschsprachigen Gemeinschaft". Angeschlossen ist ein kleiner Biergarten. Die unvermeidliche Kastanie darin muss allerdings noch wachsen.

Und sonst? Vor dem Triangel findet sich auf einem Wiesenstück ein Ensemble von Sitzbänken und Tischen aus Bierkästen. Sehr beliebt für eine Verschnaufpause zum Spontanpicknick bei den vielen Vennbahn-Radlern.

www.triangel.com

Derdiedas Triangel: Eine neue Art Bierbänke als Pausenterrain für Vennbahn-Radler vor dem Kulturzentrum von St. Vith

Fritteuse startklar – der Sternenhimmel von **St. Vith**

90

Zu. Dienstags geschlossen. Ausgerechnet. Ich hätte so gern hier testgekostet. Die Hirschmedaillons, in Folie gegart, gelten als größte Geschmackssensation im michelinsterngeschmückten Restaurant *Zur Post*. Und ich hätte zu vergleichen versucht, ob die Kreation von Le Chef Eric Pankert so sehr die Zunge beglückt wie die hauchrosa, kondomzarten Taubenbrüstchen bei Lionel Rigolet in Brüssel, der sogar zwei Sterne hat und als bestes Restaurant in der Hauptstadt gilt.

Die Post ist seit vielen Jahren ein Sternerestaurant. Ganz neu hat die Newcomerin Ricarda Grommes für ihr Restaurant *Quadras* erst Gault&Millau-Punkte gehäuft und sich Anfang 2017 ihren ersten Stern erkocht. Zwei Sternelokale, kaum 500 Meter voneinander entfernt, in einem Ort von 3500 Einwohnern – ob das wohl Weltrekord ist? Außerdem sind es die einzigen beiden Sternerestaurants in ganz Ostbelgien. Dazwischen hat nur noch die *Menuiserie* in Waimes/Weismes einen Stern.

La Chefin Grommes, Jahrgang 1984, sagt: „Kochen ist für mich höchster Ausdruck meiner Lebensphilosophie und Lebensfreude, wobei ich meine ganze Kreativität entfalten kann." Ob das kleine St. Vith Weltrekordstadt ist, weiß Grommes auch nicht zu beantworten, aber „genug Publikum ist vorhanden, da es neben der hiesigen Kundschaft viele Leute gibt, die den Sternen auch über mehrere hundert Kilometer nachreisen".

Landestypischerweise hat das Grommes-Team, wie alle belgischen Sternerestaurants (ganz anders als etwa in Deutschland), eine Fritteuse in der Küche. Natürlich, sagt Grommes, seien „hausgemachte belgische Fritten oder Kroketten" bisweilen sowohl in ihrer Brasserie als auch im Dinner-Restaurant („zwischen Klassik und Kreation") knusprende Begleiter, besser: integraler Bestandteil einer betörenden Menükomposition.

Mittags hier, abends dort? Oder umgekehrt?

www.restaurant-quadras.be, 15 Gault&Millau-Punkte, Menü 39 bis 89 Euro.
www.hotelzurpost.be, 16 Punkte, Midweek-Dinner ab 100 Euro, Wein inkl.
Weder noch?: Restaurant Pip-Margraff mit 13 Gault&Millau-Punkten, 5 Gänge, 55 Euro.

Selbstverständlich auch mit Fritten in der Sterneküche: La Chefin Ricarda Grommes

Im Drachenland ohne Whiskey – **Hemmeres**

91

Hemmeres ist fast nichts. Der Ort hat 19 Häuser und zwei Bauerngehöfte, 44 Einwohner. Hemmeres ist denkbar abgelegen, ein besonders lauschiges Stück Welt. Von Ferne ist so eben noch eine Motorsäge zu hören, ein Hund bellt kurz. Wenn unten an der plätschernden Our, der Westgrenze des Weilers, ein Kind etwas ruft, weiß es der ganze Ort.

Hemmeres, südöstlich von St. Vith, liegt schon auf deutschem Boden. Aber Hemmeres ist ein wichtiger Ort – gerade für Belgien. Hier hatte Generalfeldmarschall Rommel mit seiner 7. Panzerdivision am 10. Mai 1940 den Überfall auf Belgien begonnen. Und hier setzten die Alliierten am 11. September 1944 erstmals von Belgien aus Fuß auf deutschen Boden; es war also das deutsche 9/11 und leitete das Ende des Hitlerfaschismus ein. Die verzweifelte Ardennenoffensive der Deutschen verlief später auch durch Hemmeres.

Auch Weltschriftsteller Ernest Hemingway war im September 1944 nachweislich dabei, aber erst einen Tag später – ein Kriegsreporter ist selten in der ersten (gefährlichsten) Reihe. „Es war kalt, es goß, ein halber Sturm wehte und vor uns lagen wie eine Mauer die schwarzen Forste der Schnee-Eifel, wo die Drachen hausten." Nach „einem feinen, wilden Tag des Verjagens und Schießens" beklagte sich Hemingway am 12. September, dass bei den Siegesfeiern bald alles weggesoffen und kein Nachschub an Whiskey in Sicht war.

Viel zu sehen ist von damals nichts mehr. Man muss schon gesagt bekommen, dass der Bau mit den rotbraunen Backsteinen oberhalb der kleinen Kapelle das ehemalige Schrankenwärterhäuschen ist, davor im Gebüsch lässt sich ein Ensemble von Grenzsteinen entdecken. An beiden Our-Ufern steht eine fast zugewachsene Pfeilerruine der Brücke, die die Deutschen auf der Flucht noch gesprengt hatten.

Und sonst? Hemmeres war bis 1958 belgisch, wurde erst dann rückgegliedert. Im kriegssymbolischen Ort spielt auch ein Teil von Alfred Anderschs bekanntem Roman *Winterspelt* aus dem Jahr 1973.

Wo die Deutschen 1944 ihr 9/11 erlebten: Hemmeres mit Pfeiferruine der
ehemaligen Bahnstrecke

Reflektierende Lang-ohren – Eseltrekking in **Grüfflingen**

92

Inmitten der belgischen Südeifel wohnt eine der größten Esel-Fach-frauen in Europa: Judith Schmidt. Sie schreibt Bücher darüber (teils mit fünfstelligen Verkaufszahlen), hält Kongressvorträge von Finn-land bis Südfrankreich – und macht hier in Grüfflingen Eseltrek-king-Touren. Für einen Tag oder mehrere. Durch die weite Stille der Wälder und Wiesen. Vier Tiere hat die 47-Jährige derzeit auf ihrem Hof.

Die gelernte Reprografin aus Köln nennt Esel „total verschmust, immer vorsichtig und neugierig, deshalb seien sie „ideale Wander-begleiter". Jungs, so ihre Erfahrung bei den 100 bis 150 Touren pro Jahr, stehen deutlich mehr auf Eselkontakte, Mädchen seien schon sehr früh auf Ponys und Pferde gepolt. Sie arbeitet mit den Tieren nie mit Belohnungen. „Nur mit Streicheln und Lob auf Vertrauens-basis." Vor allem bei kleinen Zirkustricks. „Zirkus? Springen Ihre Esel durch Reifen?" Ein Scherzversuch. „Ja", sagt Judith Schmidt und zeigt Fotos.

Schmidt ärgert sich über die Zuschreibung stur und störrisch: „Esel stammen aus der unwegsamen afrikanischen Steinwüste. Wenn da ein Löwe auftaucht, ist es wegen Verletzungsgefahr nicht sehr angemessen, panisch zu flüchten. Der Esel wägt ab. Abwarten, was tun." Der Löwe wird sich wundern: Wieso rennt dieses graue Leckerchen nicht weg wie die Antilopen? Seltsam. Lieber die Pran-ken von ihm lassen? Zögern in unbekannten Situationen, sagt Schmidt, gehöre noch heute zur Esel-DNA. „Dann bleibt er erst mal stehen. Um sich zu vergewissern. Der Esel nimmt sich Zeit zu reflek-tieren." Und schon gilt er als störrisch. „Völliger Unfug."

Und sonst? Wem Esel zu langsam sind, ein Stück weiter im Ort ist eine Kartbahn („East Belgium Action Center"). Schmidt schreibt derzeit einen Roman, in dem sich, wie sie verrät, Tiere mit Menschen unterhalten können. Sicher werden Esel die Heldenrolle bekommen. Und das gemeinsame Esperanto der Geschöpfe heißt bestimmt: iaen.

www.eseltrekking.info
www.actioncenter.be

„Ich lass die Kappe lieber auf, dann fällt der Blick besser auf die Hauptperson.":
Abraham mit Judith Schmidt.

Château Clos des Frites an Fischvariationen – Burg Reuland

93

Die Burg ist der historische Mittelpunkt des Ortes, in der Hanglage gut einsehbar. Seit dem 12. Jahrhundert residierten hier die von Reulands. Ihre Glanzzeit war das 17. Jahrhundert. Da war an diesem heute stillen Ort mächtig was los: Schlachthof, Schmiede, Schneiderei – alles im weitläufigen grasbewachsenen Innenhof. Man kann problemlos hinein: Die Eingangstür ist auch abends nicht verschlossen.

Die französischen Revolutionstruppen hatten die Burg Ende des 18. Jahrhunderts als Symbol adeliger Herrschaft geschleift. 100 Jahre später war kaum mehr als ein Steinbruch übrig. Der Adel war im 19. Jahrhundert längst im Niedergang, als die Burg allmählich zerfiel. Die Preußen stellten die Reste 1900 unter Denkmalschutz, seit 1923 ist die Burg in belgischem Staatsbesitz.

Die Neureichen ihrer Zeit hatten ohnehin begonnen, sich neue Statussymbole zu bauen, in Reuland vorneweg die Familie Orley. Sie ließ sich unten im Ort das prächtigste, das mächtigste Haus in Reuland 1747 hinsetzen, in knalligem Rot zudem, mit teuren großen Fenstern, beste Lage. In Eupen boomten schon die Tuchfabriken, das neue Bürgertum konnte sich herauspfauen.

Und sonst? Wer heute, insbesondere als Deutscher, in Reuland im KUZ übernachtet, dem Kultur- und Begegnungszentrum der DG, wird staunen. In diesem weitläufigen Landjugendheim oben im Ort – mit Blick über die Burgruine und das weite Ulftal – überrascht die Abendverpflegung: Ein üppiges Büfett auf dem Teller, Fleisch, verschiedene Fischvarianten, Salate – großartig! Das Getränk ist so rot wie in jeder deutschen Jugendherberge: Nur kommt im Genießerland Belgien statt des unvermeidlichen Hagebuttentees eben Rotwein auf den Tisch – zwar kein Château Clos des Frites aus Namurs angesagtester Südwestlage, aber ein ziemlich köstlicher Tischwein. Santé!

www.kuz.be

Strahlend im Abendlicht: Die ehemalige Heimstatt derer von Reuland

Hungerberg und Leichen-
weg – rund um **Reuland**

94

Von Burg Reuland aus übernimmt zur Abwechslung eine App das Kommando, die „Geschichts-Lauschtour". Auch für digitale Neandertaler leicht herunterzuladen, versprochen. Es gibt drei solcher Audioguides für Ostbelgien (Reuland und Umgebung, St. Vith/Amel sowie Bütgenbach/Büllingen). „Kino für die Ohren", heißt das.

Eine sehr angenehme männliche Stimme spricht. Elf Orte auf einer Rundstrecke von gut 20 Kilometern werden beschrieben, aufgearbeitet wie Mini-Hörspiele oder Features. Alte Posthörner erschallen, Pferde wiehern, spätmittelalterliche Geräuschkulissen von Märkten erklingen. Eingearbeitet sind kleine Interviews von lokalen Geschichtsfachleuten in leichtem ostbelgischem Slang, also erfrischend authentisch. Alles infostark und mit kleinen witzigen Bemerkungen durchaus unterhaltsam.

Jeweils zwei bis fünf Minuten sind jedem Ort gewidmet, gerade richtig. Momentweise darf der Zuhörer etwas an einem Ort suchen und schnell entdecken, etwa in einer Kirche oder ein Zeichen an einem alten Postgebäude. Die Rundreise geht von Reuland über Weweler, Oudler, Thommen nach Maspelt und zurück.

Wir hören von der St-Hubertus Kapelle im Weiler Weweler, „die Perle der Ostkantone", weil sie auf einem Felsvorsprung gelegen mit ihrem romanischen Turm strahlend weiß das Umland überragt. Die Kirche ist aus dem 13. Jahrhundert, somit eine der ältesten ganz Belgiens. Auf der Tour gibt es Geschichten zu den vielen Wegekreuzen der Gegend, etwa auf dem Hungerberg, weil hier in Nordlage so wenig geerntet wurde. Weiterfahren über den Leichenweg: Hier wurden aus den entfernten Nachbargemeinden immer die Särge zum Friedhof in Weweler getragen. Wenn man GPS nutzt, beginnt die Stimme automatisch zu sprechen, sobald man einen Etappenort erreicht hat.

Und sonst? Die Tour lässt sich bequem per Auto machen. Warum nicht per E-Bike? In Ostbelgien gibt es – Stand Ende 2017 – immerhin 24 Verleihstationen. Auch in Reuland.

www.reuland-ouren.be
www.lauschtour.de

Überragend: St-Hubertus-Kapelle ganz oben im Weiler Weweler bei Burg Reuland, genannt „die Perle der Ostkantone"

Wo die Blue Note herrscht –
Gouvy, Stadt der Musik

95

Ferme fermée: Das Schiefersteingehöft, etwas außerhalb der Stadt Gouvy Richtung Vielsalm, ist zu. Dicht bewachsen alles, verriegelt. Keine Klingel zu sehen. Am Hauseck zur Straße hin hängt ein Saxofon. Die Hinweisschilder daneben sind zugewuchert. Nur ein Hund bellt einen an. Gut so. Brav! Denn das lockt sein Herrchen aus der Tiefe des weitläufigen Refugiums.

Ein strubbelbärtiger Mann, darüber eine spiegelblanke Halbglatze, schließt auf. Claude Lentz, der Eigentümer. Ja, seinen Jazzclub in der Scheune wolle er gern zeigen, stellt aber gleich klar: Er will nicht auf ein Foto. Das Arbeitsshirt sei zu schmuddelig, sagt er, außerdem solle die Werbebotschaft darauf nicht ins Bild – warum auch immer. Voilà: die Spezialität, die nicht aus dem Zapfhahn kommt, sondern die Zapfanlage selbst ist: Auf Claudes Tresen kommt das Bier aus einem Saxofon – eine Hommage der Jazzwelt an den belgischen Erfinder des Instruments: Adolphe Sax aus Dinant.

Einmal im Jahr, immer Anfang August, wird das Gelände zum Mekka der Blues- und Jazzszene des Vierländerlands. Gut 200 Leute passen innen hinein, inmitten eines wunderbar heruntergerockten Raums – eine Art bewohnter Flohmarkt, die Wände voll mit Fotos, Schildern und allerlei Preziosen. Draußen ist am Festivalwochenende ein großes Festzelt aufgebaut. Die Gäste kommen – seit 1980 – aus aller Welt, die meisten in einem fortgeschrittenen Alter, aber auch ganz junge Leute. „Wir sind wie ein kleines Woodstock", sagt Lentz, „nun gut: ein sehr, sehr kleines."

Gouvy, knapp zehn Autominuten hinter der DG-Grenze, ganz im Norden der Provinz Luxemburg, ist voller Jazz- und Blueskneipen. Das ganze Jahr über gibt es Konzerte. „Village de la musique" nennt sich der Ort selbst. Lentz sagt: „Gouvy ist groovy. Hier wohnt die Blue Note."

Und sonst? Gouvy ist so was wie das Tor zu den zauberhaften Hochardennen: La Roche-en-Ardenne, Marche-en-Famenne, im Süden Bastogne und Bouillon.

Spezialität Zapfanlage: Im Blues- und Jazzstädtchen Gouvy kommt das Bier auch mal aus dem Saxofon

Kieselkurven und Our-Menschen – Das Europadenkmal

96

Die Straße auf den letzten rund 10 Kilometern ab Weweler ist kaum mehr als ein gut asphaltierter Feldweg, eng immer, mit gefühlt 1000 Kurven, rauf und runter, auf der Westseite meist eine steile Wand. Trotzdem gibt es sogar Platz für einen Fußballplatz. Der Weg ist schön und romantisch, führt auch mal durch Eichenalleen; in den Saftwiesen zur Our hin grasen Kühe. Es scheint kein Ende zu nehmen.

Hinter dem Ort Ouren erreicht man schließlich, gut ausgeschildert, das Europadenkmal – eine rechteckige Wiese, 1977 errichtet, von Hecken eingefasst. Die Landesgrenzen von Belgien und Luxemburg verlaufen quer durch das Terrain. Mächtige Bäume sind darauf gepflanzt, ein paar Schautafeln aufgestellt, alles wirkt angenehm lauschig. In der Mitte steht ein mächtiger Findling, an ihm ist der Grund für die Errichtung der Denkstätte erklärt: 20 Jahre „Römische Verträge". Daneben leise flatternde Fahnen. Vier weitere kleinere Findlinge weiter außen im Gelände verweisen auf vier Gründungsmitglieder der EU, die damals noch EG hieß: Belgien, Luxemburg, Deutschland, Frankreich, jeweils mit dem Namen des Staatschefs, der damals das Regieren hatte.

Es ist ein Ort, der tatsächlich zum Nachdenken anregt. Sechs Staaten waren 1957 die Gründungsstaaten – warum haben dann die Niederlande und Italien hier keinen Findling? Und warum gibt es diese sich windenden und schiefen, unnötig unbequemen Kieselwege zum monolithischen Mittelpunktdenkmal? Wahrscheinlich heißt das: Alle Wege führen nach Rom. Und die verlaufen nicht immer gerade.

Und sonst? Auch die Kieselkurven machen symbolisch Sinn: Der Weg nach Europa ist einer mit vielen Umwegen, vor allem ein sehr steiniger. 60 Jahre danach mehr denn je, wie wir wissen.

Alle Wege führen zu den römischen Verträgen: Gedenkpark für EU-Europa

Klarer Standortnachteil – das nasse **Dreiländereck Ouren**

97

Unter den Dreiländerecken auf dieser Welt geht es sehr ungerecht zu. Manche haben erhebliche Standortvorteile, etwa das deutsch-niederländisch-belgische auf dem Vaalserberg bei Aachen: Die Umgebung ist dicht besiedelt, es gibt eine gute Infrastruktur und eine zufällig exponierte Höhenlage. Schon brummt die Vermarktung. Das deutsch-luxemburgisch-belgische Eck bei Ouren hat nichts davon. Hier ist nur weite Landschaft drumherum. Man kann das Dreiländereck nicht mal betreten, denn es liegt mitten im Wasser, ohne Markierung zudem (anders als in Schengen).

Hier fließt der putzige Ribbach, dessen Mitte die Grenze zwischen Belgien und Luxemburg bildet, in die Our. Die hat eine östliche belgische und eine westliche deutsche Seite. Die Schnittstelle ist das Dreiländer-, besser: Dreiwässereck. Oder klänge Zweiflüsseeck sinnvoller? Hinweisschilder: Fehlanzeige. Man muss jemanden fragen, am besten im Örtchen Ouren, oder man sollte am Euro-Denkmal, nur ein paar hundert Schritte entfernt, eine Skizze richtig lesen.

Irgendwann steht man auf der kleinen Fußgängerbrücke über der Our. Hier kann man mit einem Stein oder mit Spucke versuchen, die Dreiländerstelle zu treffen. Oder ein Blatt durch alle drei Länder schwimmen lassen. Es gibt sogar einen Grenzstein, mitten in Wässern und hohem Gebüsch, allerdings schwer zu finden.

Und sonst? Es sieht nach Regen aus. Wasser auch noch von oben, aus der dritten Dimension, das das Dreiwässereck wässert. Bundesregen, Föderalregen oder welcher aus dem kleinen Großherzogtum? Auf der Rückfahrt über die europäische Kurvenpiste beginnen wir, mit den entgegenkommenden Motorrädern zu sympathisieren. Obwohl manche wirklich durch die Enge peitschen, die Kurven schneidig schneiden. Aber Zweiräder sind deutlich schmaler als die Autos der Einheimischen, die mindestens genauso rasen. Und erst die Lieferwagen, Belgier wie Luxemburger gleichermaßen. Offenbar sind die Our-Menschen nicht bei Sinnen. Was hetzt sie so? Immerhin gelingt die Rückfahrt gelingt unfallfrei.

Kurz vor dem nassen deutsch-luxemburgisch-belgischen Dreiländereck:
Immerhin noch Platz für einen Fußballplatz im engen Tal der Our

Ohne Mauer von **Huy** – Tihange kann schnell überall sein

98

Der Reaktor ist weit weg. Von Tihange bei Huy an der Maas nach Spa sind es Luftlinie 42 Kilometer, nach Eupen 54, nach St. Vith 67. Ja, die centrale nucléaire de Tihange findet sich auch ein gutes Stück außerhalb von Belgiens Osten, schließlich liegt sie deutlich hinter Lüttich. Problem nur: Einer Strahlenwolke genau aus der Hauptwindrichtung wäre ziemlich egal, wo man Ostbelgien sagt oder was DG ist. Dann ist Tihange ganz schnell überall. Und keiner der Orte in diesem Buch mehr, wie er einmal war. Wenn er überhaupt noch ist. Selbst wenn nie ein Meiler kollabiert: Es bleibt ein strahlendes Erbe für Hunderttausende Jahre, mit jedem Tag Betrieb fällt zusätzlicher Abfall an.

Tihange ist alt und hochgradig gefährlich, beklagen vor allem die Deutschen. Dutzende Städte und Gemeinden aus Deutschlands Westen, den Niederlanden und Luxemburg haben 2016 in Brüssel Klagen eingereicht, um ein sofortiges Abschalten zu erreichen. Erstmals in Europa klagen Gemeinden gegen einen Nachbarstaat.

Tihange hat den Beinamen „Bröckelreaktor" wegen Tausender feiner Risse in der Stahlhülle um das nukleare Herz. Der Bau wurde nicht ausreichend dokumentiert, Unterlagen sind verschwunden. Es gab Brände auf dem Gelände. Selbst das Fundament stimmt nicht: 2016 hatte sich die Bodenplatte gehoben. Ständig muss wegen technischer Probleme Block 2 heruntergefahren werden. Vielleicht gibt es Block 1 nur, damit Energie da ist, um Block 2 wieder hochzufahren.

Vor dem Gelände: Alles wirkt so friedlich. Nur Autos brausen vorbei. Die ökologische Kriegserklärung für nachfolgende Generationen ist hinter Kühltürmen gut versteckt. Die Reaktoren spalten derweil munter weiter: die Atome und die Gesellschaft.

Und sonst? Die „Mauer von Huy", die härteste Zielgerade eines Profiradrennens („La Flèche Wallonne") mit bis zu 27 Prozent Steigung, ist weltberühmt. Strahlen könnte sie auch mit 90 Prozent Steigung nicht abhalten.

Auch die berühmte Mauer von Huy böte keinen Schutz: Kühltürme des AKW Tihange dampfen so friedlich vor sich hin

Bauarbeiten-Schilder – das endgültige Überall

99

Belgische Bauarbeiten-Straßenschilder sind etwas sehr Besonderes. Links und rechts des Arbeiters mit der Schaufel ist je ein Haufen zu sehen. Zwei Haufen ist ungewöhnlich; in den meisten Ländern (Ausnahme etwa Sri Lanka und Brasilien) ist da, auch in Deutschland, nur einer abgebildet. Die Botschaft dort: Wir wollen hier arbeiten. Belgien ist genauer: Wir sind dabei zu arbeiten (und haben eben schon einen Teil weggeschaufelt). Schon das ist erfrischend sinnig, aber Belgien weiß sich noch einmal zu steigern. Das liegt an den blauen Bauarbeiten-Ende-Schildern, die noch weitaus verbreiteter sind als etwa in Deutschland. Auf diesen belgischen Schildern sehen Spötter einen Arbeiter, der mit mächtigem Strahl pinkelt. Das mag einem so scheinen, zumindest im eiligen Vorbeifahren.

Viel entscheidender aber, zumindest auf den alten Schildermodellen: Links unten ist ein kleines Restehäufchen zu sehen. Die Botschaft ist Nationalbekenntnis: Mag die Arbeit auch getan sein, ganz fertig sind wir nie. Belgien ist immer *work in progress*. Wir haben immer noch was zu erledigen, ausruhen ist nicht, alles braucht unser Zutun, unser Engagement.

Andere Staaten schauen neidisch auf diese Belgien-Philosophie. In Berlin hat man extra eine sündhaft teure Flughafenbaustelle in die Landschaft gepflanzt, damit die Menschen wissen: Es ist nie zu Ende, morgen wird es noch besser, schöner. Der Trick ist die Endlosschleife: Das fertige Morgen kommt nie. Aber die Hoffnung bleibt. Bis dahin: Es gibt immer was zu meckern. Auch in Endlosschleife. Das stärkt den Zusammenhalt.

Und sonst? Nach unserer peniblen Erhebung waren am Stichtag 1.1.2018 im Recherchebereich für dieses Buch nachgezählte 1877 Bauarbeiten-Ende-Schilder aufgestellt. Niemand wird zweifeln wollen: Es gibt noch viel zu tun in Ostbelgien und um Ostbelgien herum.

Können das ganze Königreich erklären: Belgische Bauarbeiten-Ende-Schilder mit entscheidendem kleinem Restehäufchen

Ganz **Ostbelgien** (mit ein paar Nachbargemeinden) – von weit oben

100

Es gibt ja diese berühmte Frage: Was ist aus dem Weltall auf der Erde eigentlich zweifelsfrei zu erkennen? Antwort: Erstens die Chinesische Mauer, die sich über viele tausend Kilometer durch einen halben Kontinent schlängelt. Und zweitens die belgischen Autobahnen. Wegen der Beleuchtung. Weil die so hell ist, vor allem weil sie jahrzehntelang auch nachts durchgängig angeschaltet war und dann auch noch so gelb.

Viele hielten diese Behauptung für eine Großstadtlegende, für einen albernen Mythos. Unser Bild (Dank an die European Space Agency ESA) beweist: Es geht. Und das ganz leicht. Auch auf der Europa-Wetterkarte der ARD-*Tagesthemen* ist Belgien als gleißendste Erscheinung des Kontinents deutlich zu erkennen.

Nun kann man diese Ansammlung dünner gelber Stäbe auch als eine künstlerisch arrangierte Portion Pommes frites interpretieren. Autobahnen als leuchtendes Bekenntnis zum Nationalessen? Form follows food.

Sicher ist das Investment von rund 150.000 Masten landesweit auch gutes Staatenmarketing (Alleinstellungsmerkmal) und ein selten blödes Argument für die Existenz der belgischen Schrottmeiler. Die Beleuchtung wurde in den 1950er-Jahren eingeführt, um die Unfallzahlen zu senken. Heute, im Zeitalter strahlender LED-Leuchtkraftwerke an den Autos, ist die Pisten-Belampung ein teurer Anachronismus (20–30 Millionen Euro im Jahr) und macht nur deshalb Sinn, weil die Straßen oft in sehr schlechtem Zustand sind. Vorteil: Flutlicht an, dann spart man das Verfüllen der Schlaglöcher. Nachteil: Verkehrspsychologen glauben, die im europäischen Vergleich sehr hohe Zahl von tödlichen Unfällen gerade auf belgischen Landstraßen liegt indirekt auch an den Autobahnen. Wer eben noch ausgeleuchtet unterwegs war, macht in plötzlicher Dunkelheit leichter Fehler.

Nach Lektüre dieses Buches wird es Ihnen sicher leicht fallen, mit diesem Bild von ganz oben Eupen zu identifizieren, Weismes, Hauset oder Herbiester. Tipp: Mit Lüttich anfangen. Das Bild findet sich im Netz unter:

www.flickr.com/photos/thom_astro/31223973281

Rechts oben London, links Paris: Und irgendwo in der Mitte St. Vith, wo zwei Michelin-Sterne den vielen großen Brüdern am Himmel entgegenfunkeln

Fotonachweis

Alle Fotos Bernd Müllender mit Ausnahme:
Seite 2: Andreas Teichmann
Kapitel 35 oben: Marlies Nawrath
Kapitel 52, 53, 56, 61, 64, 84, 87: David Hagemann (Grenz-Echo)
Kapitel 53, oben: Guido Bertemes
Kapteil 56, oben: Guido Bertemes
Kapitel 64: Guido Bertemes
Kapitel 84: Schieferstollen Recht (beide unten)
Kapitel 100: European Space Agency ESA